PROJETO CIÊNCIA

NUTRIÇÃO E SAÚDE

Edson Grandisoli,
Laura Fantazzini e Paulo Cunha

1ª edição

ILUSTRAÇÕES
Márcio Koprowski

Conforme a nova ortografia

Atual Editora

SARAIVA Educação Ltda.
Avenida das Nações Unidas, 7221 – Pinheiros
CEP 05425-902 – São Paulo – SP – Tel.: (0xx11) 4003-3061
www.editorasaraiva.com.br

Dados Internacionais de Catalogação na Publicação (CIP)
(Câmara Brasileira do Livro, SP, Brasil)

Grandisoli, Edson
Nutrição e saúde / Edson Grandisoli, Laura Fantazzini e Paulo Cunha ; ilustrações Marcio Koprowski. — 1. ed. — São Paulo : Atual, 2010. — (Projeto Ciência)

Bibliografia.
ISBN 978-85-357-1332-9

1. Nutrição (Ensino fundamental) 2. Saúde (Ensino fundamental) I. Fantazzini, Laura. II. Cunha, Paulo. III. Koprowski, Marcio. IV. Título. V. Série.

10-11354 CDD-372.3

Índice para catálogo sistemático:
1. Nutrição : Ensino fundamental 372.3

10ª tiragem, 2024

COLEÇÃO PROJETO CIÊNCIA
Gerente editorial: Rogério Carlos Gastaldo de Oliveira
Editora-assistente: Solange Mingorance
Auxiliares de serviços editoriais: Rute Brito e Mari Kumagai
Estagiário: André Fonseca
Preparação de texto: Letícia Vendrame
Revisão: Marina Constantino de Freitas / Cássia Land
Pesquisa iconográfica: Cristina Akisino (coord.) / Vera Barrionuevo
Gerente de arte: Nair de Medeiros Barbosa
Projeto gráfico, capa e diagramação: Claudio Teruya / Todotipo Editorial
Produtor gráfico: Rogério Strelciuc
Ilustrações: Márcio Koprowski
Imagem de capa: Viorika Prikhodko / iStockphoto
Suplemento de atividades: Edson Grandisoli e Laura Fantazzini
Impressão e acabamento:
Log&Print Gráfica, Dados Variáveis e Logística S.A.
OP: 248854

CL: 810580
CAE: 576133

APRESENTAÇÃO

A importância de uma boa alimentação não é novidade. Hipócrates (460-377 a.C.), considerado o "pai da medicina", disse: "Deixe o alimento ser sua medicina e a medicina ser seu alimento".

Desde a época de Hipócrates, o funcionamento do corpo humano e o papel dos alimentos em nossa vida têm sido muito estudados.

Hoje, conhecemos bem a relação existente entre o consumo exagerado de determinados tipos de alimento e o desenvolvimento de enfermidades como infarto, derrame e alguns tipos de câncer.

Da mesma forma, também já estão bem estabelecidas as relações entre o consumo de certos alimentos e a prevenção (e controle) de certas enfermidades.

Apesar de o conhecimento científico nessa área caminhar a passos largos, muito ainda está por ser descoberto. Enquanto isso, surgem e se fortalecem os mitos.

Dietas, chás, suplementos alimentares, *shakes*, entre outros, ocupam o lugar de uma alimentação saudável e balanceada que, por si só, garantiria a saúde e a disposição para as tarefas do dia a dia.

Além disso, o estilo de vida que levamos, típico de uma sociedade em que tudo deve ser feito rapidamente, e o surgimento de modelos distorcidos de beleza e saúde nos privam de um dos grandes prazeres da vida: comer bem na companhia de amigos e familiares.

Dessa forma, nossa preocupação neste livro foi a de quebrar alguns mitos ligados à alimentação e à autoimagem, abordando-os numa perspectiva científica e, ao mesmo tempo, cotidiana, com informações atualizadas e confiáveis.

Temos certeza de que todos esses componentes, aliados a um pouco de bom senso, garantirão a você uma ótima saúde e uma ótima qualidade de vida.

Edson Grandisoli,
Laura Fantazzini
e Paulo Cunha

SUMÁRIO

BASE ALIMENTAR E EVOLUÇÃO HUMANA

1

Jupiter Unlimited/Imageplus

Uma alimentação variada é a base para uma vida saudável.

HOJE, CONSEGUIR ALIMENTO É SIMPLES. PARA MUITOS, BASTA ABRIR A GELADEIRA E O ARMÁRIO OU IR A UM MERCADO PARA ENCONTRAR ALIMENTOS À SUA DISPOSIÇÃO.

MAS NEM SEMPRE FOI ASSIM. A HISTÓRIA DA EVOLUÇÃO HUMANA ESTÁ INTIMAMENTE LIGADA À PROCURA, À SELEÇÃO E AO CONSUMO DE ALIMENTOS, DEVIDO À SUA IMPORTÂNCIA NA AUTOPRESERVAÇÃO DA ESPÉCIE.

A história da humanidade teve início há cerca de 6 milhões de anos. Uma das primeiras observações feitas pelos cientistas que estudam a evolução humana é que nossa base alimentar mudou consideravelmente ao longo do tempo.

Nossos ancestrais, denominados *Australopithecus*, sobreviveram a uma drástica mudança ambiental – a savanização do continente africano – e passaram a consumir alimentos mais diversificados, incluindo os de origem animal.

Muitos pesquisadores consideram que a BIPEDIA esteja associada ao início da mudança nos hábitos de nossos ancestrais. A savanização e a consequente escassez de comida exigiram maiores deslocamentos. Os braços passaram a ser usados para levar alimentos até a moradia ou carregar crianças em grandes jornadas. Assim, os membros superiores, progressivamente, deixaram de ser usados para a locomoção.

Ainda somos paleolíticos

A evolução dos seres vivos é um processo lento, que ocorre ao longo de centenas de gerações. Quando falamos, por exemplo, que nossos ancestrais mudaram a dieta alimentar, deve-

BIPEDIA
Alimentos e evolução humana.
http://www2.uol.com.br/sciam/reportagens/alimentos_e_evolucao_humana.html
Acesso em: 6 abr. 2017.

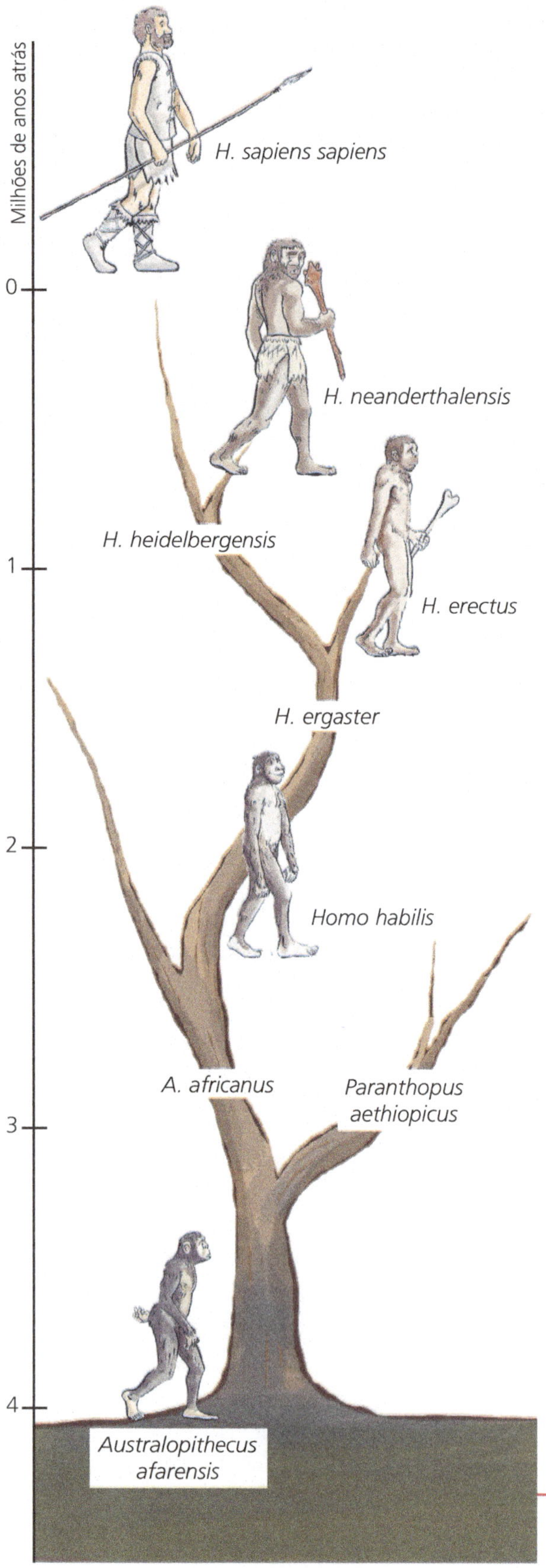

mos entender que as mudanças na estrutura e no funcionamento dos órgãos que permitiram isso levaram dezenas de milhares de anos para acontecer.

Considerando o processo lento de evolução, podemos concluir que, biologicamente, nosso corpo, nossas células, os genes e o metabolismo foram selecionados para aquelas condições ambientais nas quais nossos ancestrais viveram até 40 mil anos atrás. Essas condições representavam períodos de abundância de alimentos, obtidos por coleta e caça, intercalados com períodos de escassez. Dessa forma, a evolução atuou selecionando os indivíduos que estavam adaptados a armazenar nutrientes nos períodos de abundância, compensando os períodos de escassez.

Nossa composição biológica ainda é paleolítica, período anterior ao desenvolvimento da agricultura e da domesticação de animais. Mas as

SAVANIZAÇÃO DA ÁFRICA

Há 20 milhões de anos, o continente africano era coberto de florestas, nas quais vivia uma grande diversidade de primatas. Nesse período iniciou-se um processo de savanização, com a substituição progressiva das florestas fechadas por ambientes mais abertos, as savanas. Esses novos ambientes eram desfavoráveis aos primatas, animais tipicamente arbóreos. Com o tempo, algumas espécies de primatas passaram a conciliar a vida nas árvores com a vida no solo.

A savanização continua até nossos dias e em alguns locais da África esse processo se encaminhou para a desertificação.

Os *Australopithecus* tinham alguns traços de macacos, entre eles um polegar oponível, unhas, visão binocular e um cérebro relativamente pequeno. No entanto, possuíam uma característica tipicamente hominídea: eram bípedes.

John Reader/SPL/LatinStock

Pegada humana mais antiga conhecida. Possui cerca de 3,5 milhões de anos e foi deixada por um indivíduo da espécie *Australopithecus afarensis*.

mudanças comportamentais, nas quais se incluem as preferências por certos alimentos, ocorrem rapidamente, de uma geração para outra, e têm se intensificado drasticamente nos últimos 150 anos, desde o início da industrialização.

INDUSTRIALIZAÇÃO E CONSUMO DE ALIMENTOS

Um dos grandes adventos da industrialização, que ocorreu a partir do século XIX, foi transformar os alimentos em produtos comerciais. A maioria das pessoas parou de produzir alimentos para sua subsistência. Paralelamente, a população que vivia nos campos passou a se concentrar nas cidades, tornando-se consumidora de alimentos industrializados e comercializados. Produtos como tomate, batata, milho, arroz, trigo, entre outros, passaram a fazer parte da alimentação de populações urbanas no mundo inteiro. Por outro lado, alimentos típicos de diferentes culturas foram substituídos e progressivamente esquecidos por essas populações.

Jupiter Unlimited/Imageplus

Produção industrial de pães.

A agricultura e a domesticação de animais

Um momento crucial na história humana foi o desenvolvimento da agricultura e da domesticação de animais. Há cerca de 10 mil anos, em diferentes regiões do planeta, nossos ancestrais mudaram radicalmente seu padrão de obtenção e de preparo de alimentos. Durante todo o período paleolítico, nossa espécie viveu da coleta de raízes, frutos e sementes, bem como de moluscos e crustáceos, e da caça de animais de pequeno porte. A alimentação era baseada em alimentos *in natura*, ou seja, sem cozimento ou grandes alterações químicas. Nós éramos o que podemos chamar de coletores-caçadores.

Com o desenvolvimento da agricultura, a variedade de itens disponíveis à alimentação diminuiu, sendo a maioria deles, naquela época, constituída por grãos e raízes. Como esses alimentos concentram alto teor de carboidratos, essa nova dieta, em comparação com a de coletores e caçadores, significou uma grande alteração nutricional para nossa espécie.

Como vimos, devemos considerar que nosso organismo está geneticamente adaptado a condições de sobrevivência com baixa ingestão calórica e alto gasto energético. Assim, a agricultura e as mudanças culturais posteriores nos colocaram diante de um grande dilema. Evolutivamente, nosso genoma ainda não foi reprogramado para a vida moderna, em que se faz pouca atividade física, há alta ingestão de alimentos hipercalóricos e níveis de estresse elevados no cotidiano.

Essas mudanças de estilo de vida repentinas não foram acompanhadas de mudanças biológicas, ou seja, o *Homo sapiens* moderno ainda possui um metabolismo paleolítico, que está programado para armazenar o máximo de calorias para resistir a períodos de escassez de alimento, fato que hoje já não ocorre com a maioria das pessoas.

Fica claro, portanto, que existe um descompasso entre a velocidade das mudanças de nosso comportamento alimentar e das alterações em nossa constituição genética.

ESTILO DE VIDA	HOMEM PRÉ-HISTÓRICO PERÍODO PALEOLÍTICO	HOMEM CONTEMPORÂNEO
ATIVIDADE FÍSICA	Alta	Baixa
DIETA		
Densidade energética	Baixa	Alta
Ingestão energética	Moderada	Alta
Proteína	Alta	Baixa a moderada
Animal	Alta	Baixa a moderada
Vegetal	Muito baixa	Baixa a moderada
Carboidrato	De baixa a moderada (difícil absorção)	Moderada (fácil absorção)
Fibra	Alta	Baixa
Gordura	Baixa	Alta
Animal	Baixa	Alta
Vegetal	Muito baixa	Moderada a alta
Ácidos graxos ômega 3 e 6	Alta (2,3 g por dia)	Baixa (0,2 g por dia)
Proporção ômega 3-6	Baixa (2,4)	Alta (12,0)
Vitaminas, mg por dia		*Ingestão na população brasileira*
Riboflavina	6,49	–
Folato	0,357	Abaixo das recomendações
Tiamina	3,91	Dentro das recomendações
Ascorbato	604	Acima das recomendações
Caroteno	5,56	Abaixo das recomendações
(Retinol equivalente)	(927)	–
Vitamina A	17,2	Abaixo das recomendações
(Retinol equivalente)	(2870)	–
Vitamina E	32,8	–

Comparação entre as características do estilo de vida (dieta e atividade física) entre o homem pré-histórico e o contemporâneo. Fonte: http://revistaseletronicas.pucrs.br/scientiamedica/ojs/index.php/scientiamedica/article/viewFile/2228/2810. Acesso em: 30 set. 2010.

A ciência nos ajudou a compreender cada vez mais como nosso organismo trabalha e como nossas escolhas alimentares influenciam seu funcionamento. Dessa maneira, podemos entender como esse processo se reflete em nossa saúde.

Ao longo deste livro, abordaremos temas que pretendem levar você a conhecer melhor seu corpo, sua composição e seus limites. Além disso, traremos informações atualizadas sobre como melhorar sua alimentação e mostraremos como suas escolhas afetam sua saúde e sua qualidade de vida agora e no futuro.

Você sabia?

Alimentação humana

Antes do advento da agricultura, estima-se que o ser humano consumia cerca de 12 mil espécies de plantas. Hoje, das 200 culturas alimentares importantes, apenas 20 constituem 80% da base alimentar mundial, destacando-se 3 culturas: trigo, milho e arroz (Mendiola & Martin, 2009). Com a industrialização, a alimentação humana tornou-se um produto da "cultura de massa". Por isso, seu valor econômico e comercial geralmente é mais relevante do que sua qualidade.

GENES, GENOMAS E METABOLISMO

Um dos grandes avanços da ciência no século XX foi compreender as bases moleculares da herança genética e a forma como essa herança se manifesta nas características de um indivíduo.

A manifestação de nossas características biológicas (anatômicas, fisiológicas ou comportamentais) depende da capacidade de nossas células e tecidos de metabolizar e transformar substâncias químicas. Entre essas substâncias, as proteínas se destacam por realizar um grande número de funções.

FUNÇÃO	DESCRIÇÃO	EXEMPLOS
Enzimática	Proteínas que controlam as diferentes reações químicas que constituem o metabolismo do corpo.	Enzimas digestivas
Estrutural	Organiza e dá forma às células e aos tecidos.	Colágeno
Motora	Realiza movimentos.	Proteínas musculares
Transporte	Auxilia no transporte de substâncias pelo corpo.	Hemoglobina
Defesa	Auxilia no reconhecimento e na inativação de agentes infecciosos.	Anticorpos

Para produzir cada proteína do corpo, as células utilizam receitas moleculares que estão quimicamente escritas em moléculas de DNA. Cada receita é um gene. O conjunto das receitas (genes) que caracteriza uma espécie é o genoma dessa espécie.

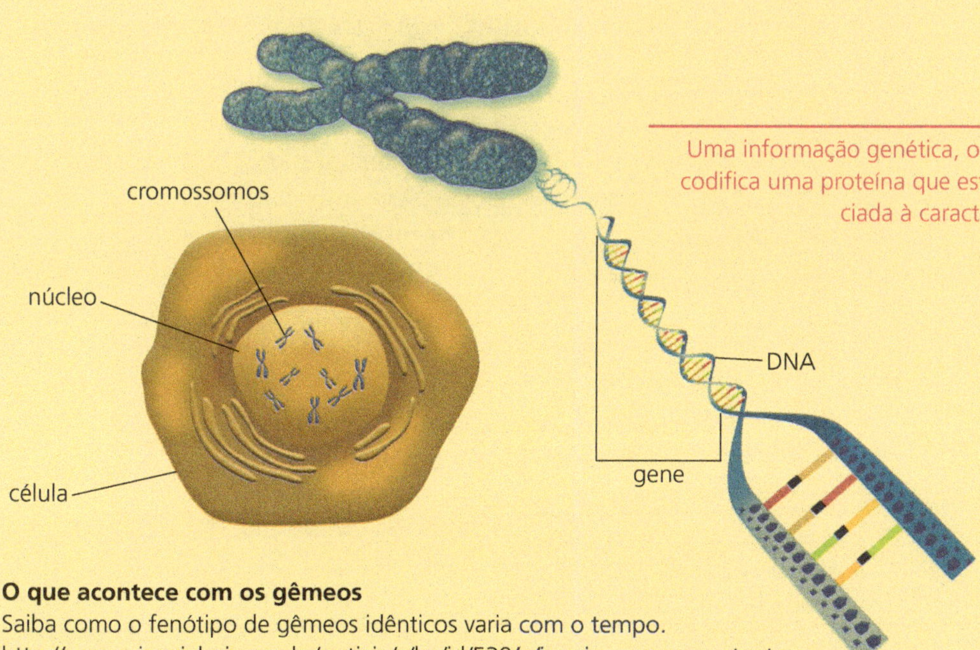

Uma informação genética, ou gene, codifica uma proteína que está associada à característica.

O que acontece com os gêmeos
Saiba como o fenótipo de gêmeos idênticos varia com o tempo.
http://www.cienciahoje.org.br/noticia/v/ler/id/539/n/iguais,_mas_nem_tanto
Acesso em: 6 abr. 2017.

ALIMENTAÇÃO E SAÚDE: COMER BEM PARA VIVER MELHOR

2

StockFood/LatinStock

Café da manhã saudável.

"O QUE VAMOS COMER HOJE?" ESSA É UMA PERGUNTA QUE VOCÊ JÁ DEVE TER FEITO ESTA SEMANA. POR TRÁS DESSA SIMPLES QUESTÃO ESCONDEM-SE PERGUNTAS FUNDAMENTAIS COMO: "O QUE DEVO FORNECER AO MEU CORPO PARA QUE ELE FUNCIONE DE MANEIRA ADEQUADA?" E "QUE ALIMENTOS DEVO CONSUMIR PARA MELHORAR MINHA SAÚDE?".

Se você já se fez essas perguntas, parabéns! Estar preocupado com o tipo e a quantidade de alimentos que você ingere ao longo do dia é um passo fundamental para manter seu organismo saudável e livre de doenças que podem estar relacionadas à má alimentação, como o diabetes, a hipertensão, o infarto e o câncer.

Mas afinal, como saber se estamos nos alimentando de maneira correta? Para ajudar a responder a essa e a outras questões, existem os chamados "guias alimentares", dos quais vamos falar agora.

Os guias alimentares

Os guias alimentares contêm as recomendações que devemos seguir para ter uma alimentação saudável.

Esses guias apresentam algumas diferenças de um país para outro, pois cada região possui hábitos alimentares distintos, de acordo com os tipos de alimento mais comuns, as tradições e até a religião de seu povo.

No Brasil, o Ministério da Saúde desenvolveu o **GUIA ALIMENTAR PARA A POPULAÇÃO BRASILEIRA**, que orienta a população sobre a escolha dos alimentos para a prevenção da obesidade, das doenças crônicas não transmissíveis, das deficiências nutricionais e das doenças infec-

GUIA ALIMENTAR PARA A POPULAÇÃO BRASILEIRA

Saiba mais sobre o guia.
http://bvsms.saude.gov.br/bvs/publicacoes/guia_alimentar_populacao_brasileira.pdf
Acesso em: 23 set. 2010.

A CESTA BÁSICA BRASILEIRA

A cesta básica do brasileiro é composta de 13 alimentos: carne, leite, feijão, arroz, farinha, batata, tomate, pão, café, banana, açúcar, óleo e manteiga.

Entretanto, a quantidade de cada item varia de acordo com a tradição alimentar de cada região. Veja a quantidade de alguns produtos da cesta.

Carne
No Sul: 6,6 kg
No Norte/Nordeste: 4,5 kg

Por causa da tradição local e das baixas temperaturas no Sul, a cesta básica da região tem mais carne e mais calorias que a das outras regiões.

Farinha
No Norte/Nordeste: 3 kg
No Sudeste: 1,5 kg

A farinha de mandioca é muito presente nas culinárias das regiões Norte e Nordeste, devido, entre outros fatores, à influência indígena. Alguns pratos feitos com a farinha são: pirão, sopa e farofa.

Batata
No Sul/Sudeste/Centro-Oeste: 6 kg
No Norte/Nordeste: não tem

A cesta básica da região Norte/Nordeste não tem batata, mas ganha na quantidade de tomate: são 12 kg, contra os 9 kg das outras regiões.

Fonte: Dieese

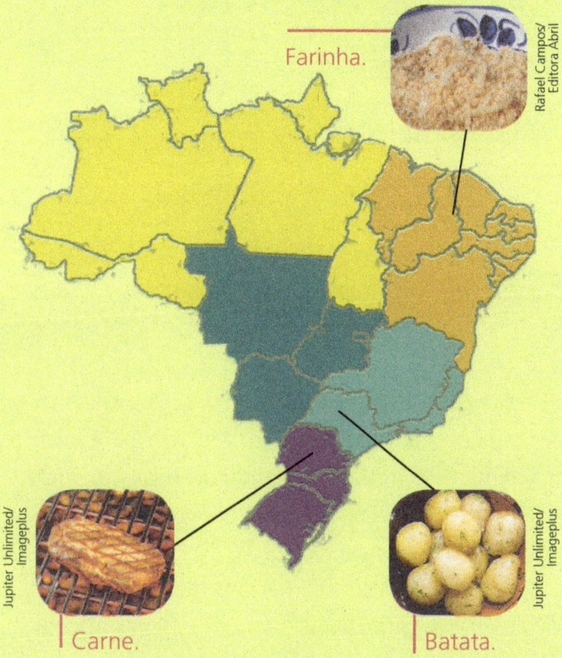

ciosas. O objetivo do guia é promover a saúde da população. Ele é baseado em uma dieta de 2 mil calorias diárias.

O Brasil possui uma grande variação dos hábitos alimentares entre seus estados, pois as tradições dos povos nativos e dos colonizadores e as diferentes condições climáticas de cada região interferem na produção e na escolha dos alimentos. Entretanto, existe um único guia alimentar para a população brasileira, com recomendações que levam em conta os hábitos regionais e o nível socioeconômico da população.

Alimentação saudável na prática

A seguir, vamos examinar algumas recomendações importantes presentes no *Guia alimentar para a população brasileira*.

Você sabia?

Jupiter Unlimited/
Imageplus

Diferentes cestas básicas

Nos países desenvolvidos, onde o poder de compra é maior, a cesta básica tem espaço para itens mais refinados. Na Itália, por exemplo, vinho faz parte da cesta, enquanto na Inglaterra um dos itens é o chá.

Você sabia?

Doenças crônicas

Doenças crônicas não transmissíveis são aquelas que têm evolução lenta e causam danos irreversíveis, podendo levar à morte. Ao contrário das doenças infecciosas, não podem ser transmitidas de uma pessoa para outra. São exemplos de doenças crônicas não transmissíveis a hipertensão, o diabetes, o infarto e o câncer.

Refeições e alimentos saudáveis

Precisamos fazer pelo menos três refeições diárias: café da manhã, almoço e jantar. Essas refeições devem ser intercaladas por pequenos lanches.

Ao escolher os alimentos, procure valorizar as tradições alimentares de sua região e prefira alimentos frescos, da estação e produzidos localmente, pois assim eles serão mais baratos e nutritivos. Se optar por produtos industrializados, sempre leia as informações nutricionais nos rótulos para garantir que esteja escolhendo os alimentos mais saudáveis.

O que comer?

Todas as refeições devem conter alimentos variados, de origem animal e vegetal, compondo uma alimentação colorida e saborosa.

Apresentaremos grupos alimentares que devem fazer parte de uma dieta saudável. Cada grupo contém alimentos que possuem características semelhantes.

Grupo 1: cereais, tubérculos e raízes

Esses alimentos são ricos em carboidratos complexos (amido), a principal fonte de energia para o organismo realizar qualquer tipo de atividade, como andar, correr, raciocinar e até manter a respiração, a temperatura do corpo e o coração batendo. Por isso, eles são chamados de energéticos.

Além de amido, os cereais, em sua forma integral, também possuem fibras. Os alimentos integrais são mais nutritivos porque não tiveram sua estrutura alterada no processo de industrialização. Eles são ricos em fibras, vitaminas e minerais.

Prefira sempre a versão integral de pães, biscoitos e massas. O consumo diário recomendado desses alimentos é de seis porções por dia. Portanto, eles devem estar presentes em praticamente todas as refeições.

Dorling Kindersley/Getty Images

Jupiter Unlimited/Imageplus

Os cereais (arroz, milho, aveia, centeio) e seus derivados (pães, biscoitos e massas), os tubérculos (batata e batata-doce) e as raízes (mandioca, mandioquinha, cará e inhame) são alimentos dos quais obtemos energia para nossas atividades e para o funcionamento do nosso organismo.

Jupiter Unlimited/Imageplus

AS FIBRAS

As fibras são eliminadas junto com as fezes, pois não são digeridas pelo organismo. No entanto, sua presença na alimentação é muito importante porque elas estimulam o funcionamento do intestino, prevenindo a constipação – ou prisão de ventre – e o câncer de cólon (câncer do intestino).

Além disso, as fibras dificultam a absorção intestinal de alguns nutrientes, como a gordura e os açúcares. Assim, alimentos ricos em fibras são especialmente importantes para pessoas que têm colesterol elevado ou diabetes.

PORÇÕES

O *Guia alimentar para a população brasileira* determina qual é o tamanho das porções de alimentos que devemos consumir. Veja alguns exemplos:

GRUPOS DE ALIMENTOS	QUANTIDADE DIÁRIA	UMA PORÇÃO EQUIVALE A
Cereais, tubérculos e raízes	6 porções	Arroz (4 colheres de sopa); pão francês (1 unidade); macarrão cozido (3 e ½ colheres de sopa); mandioca cozida (3 colheres de sopa); milho (1 espiga); batata cozida (1 e ½ unidade) ou torrada (4 unidades).
Frutas, legumes e verduras	3 porções de legumes e verduras	Cenoura crua ralada (1 colher de servir); beterraba crua ralada (2 colheres de sopa); brócolis cozido (4 e ½ colheres de sopa); rúcula (15 folhas); alface (15 folhas) ou tomate (4 fatias).
	3 porções de frutas	Banana (1 unidade); melancia (2 fatias); laranja (1 unidade); mamão papaia (½ unidade) ou maçã (1 unidade).
Feijões e outros alimentos vegetais ricos em proteínas	1 porção	Feijão cozido (1 concha); lentilha (2 colheres de sopa); grão-de-bico (1 e ½ colher de sopa); ervilha seca cozida (2 e ½ colheres de sopa) ou soja (1 colher de servir).
Leite e derivados, carnes e ovos	3 porções de leite e derivados	Leite integral (1 xícara de chá); iogurte desnatado (1 pote) ou queijo minas frescal (1 fatia grande).
	1 porção de carnes e ovos	Carne cozida (4 pedaços pequenos); sardinha em conserva (1 unidade média); frango (1 sobrecoxa grande); ovo cozido (2 unidades) ou peixe cozido (1 unidade média).
Gorduras e açúcares	1 porção de óleos e gorduras	Azeite (1 colher de sopa); margarina (½ colher de sopa); manteiga (½ colher de sopa) ou óleos vegetais (1 colher de sopa).
	1 porção de açúcares e doces	Açúcar cristal (1 colher de sopa); mel (2 e ½ colheres de sopa) ou geleia de fruta (1 colher de sopa).

Tabela de porções
Para conhecer a tabela completa de porções, consulte o Anexo C do *Guia alimentar para a população brasileira*. Disponível em: <http://bvsms.saude.gov.br/bvs/publicacoes/guia_alimentar_populacao_brasileira.pdf>. Acesso em: 7 out. 2010.

Grupo 2:
frutas, verduras e legumes

São alimentos ricos em vitaminas, minerais e fibras, responsáveis por regular diversas atividades do corpo e prevenir doenças. Por isso, são chamados alimentos reguladores.

Entre as vitaminas e os minerais encontrados em frutas, verduras e legumes, podemos citar:

- Os carotenoides, que se transformam em vitamina A no nosso corpo. Eles são responsáveis pela prevenção de doenças dos olhos, como a cegueira noturna e a xeroftalmia, e pela manutenção do sistema imunológico, protegendo contra infecções. São encontrados em alimentos de cor amarela, laranja ou vermelha.

Randi Sidman-Moore/Masterfile/Other Images

A alimentação saudável traz benefícios à saúde e causa sensação de bem-estar.

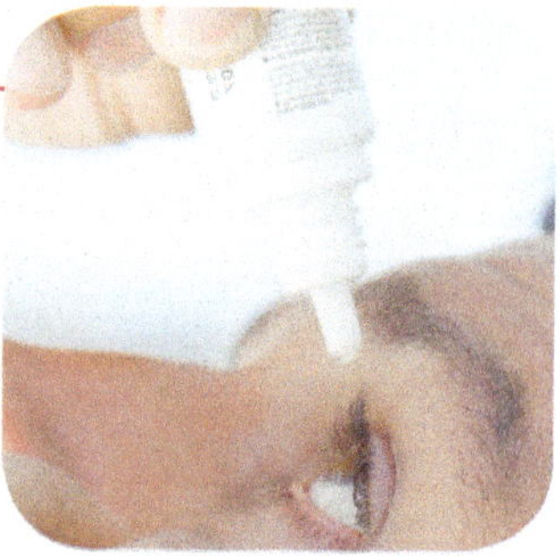
Jupiter Unlimited/Imageplus

A xeroftalmia é caracterizada pelo ressecamento da córnea e da mucosa do olho. Pessoas com essa doença não são capazes de produzir lágrimas.

- A vitamina C, que auxilia na cicatrização, melhora a imunidade e ajuda o organismo a absorver o ferro de origem vegetal, prevenindo a ANEMIA.
- As vitaminas do complexo B, que auxiliam na formação de hemácias e no metabolismo das proteínas e gorduras.
- O potássio, importante na transmissão dos impulsos nervosos e na contração muscular.

ANEMIA
Mais informações na Biblioteca Virtual em Saúde do Ministério da Saúde.
http://bvsms.saude.gov.br/bvs/dicas/69anemia.html
Acesso em: 6 mai. 2014.

Você sabia?

A força do espinafre

O marinheiro Popeye, nos anos de maior sucesso, fez as vendas de espinafre subirem 30% nos Estados Unidos.

Album/LatinStock

Veja outras curiosidades em:
http://www.invivo.fiocruz.br/cgi/cgilua.exe/sys/start.htm?infoid=882&sid=8
Acesso em: 23 set. 2010.

Jupiter Unlimited/Imageplus

Alfavaca: variedade brasileira do manjericão, muito usada em temperos.

As frutas, as verduras e os legumes também são ricos em compostos bioativos, substâncias que não têm a função de nutrir o organismo, mas ajudam a prevenir doenças como o infarto e o câncer.

No Brasil, a variedade desses alimentos é imensa. Algumas frutas e hortaliças, como banana, limão, mamão, alface, brócolis, couve, espinafre, cenoura, beterraba, abobrinha e pepino, podem ser encontradas em qualquer região. Entretanto, algumas são encontradas somente em determinadas partes do país, como açaí, buriti, cupuaçu, jenipapo, jambo, mangaba, pequi, siriguela, alfavaca, azedinha, palma, taioba etc.

Jussi Lehto/Editora Abril

Taioba, uma hortaliça que está desaparecendo da mesa do brasileiro.

Maurício Simonetti/Pulsar

Cupuaçu, fruto originário da Amazônia e do Maranhão.

Além de evitar a deficiência de vitaminas e minerais no organismo, o consumo regular desses alimentos está relacionado com a manutenção do peso adequado e com a prevenção de doenças cardíacas, hipertensão, derrames e diversos tipos de câncer, como de boca, pulmão, estômago e cólon, entre outros.

Recomenda-se consumir diariamente três porções de legumes e verduras nas refeições e três porções de frutas como sobremesa e nos lanches. É importante variar os tipos de frutas, verduras e legumes ao longo da semana, pois cada alimento possui determinados nutrientes em quantidades diferenciadas. Combinações coloridas deixarão o prato mais rico em nutrientes e mais saboroso.

Grupo 3: feijões e vegetais ricos em proteínas

As castanhas (do-pará, de-caju, nozes, avelãs, amêndoas), as sementes (de girassol, de abóbora, gergelim, linhaça) e as leguminosas (feijão, ervilha, lentilha, soja, fava, grão-de-bico) são alimentos ricos em proteínas.

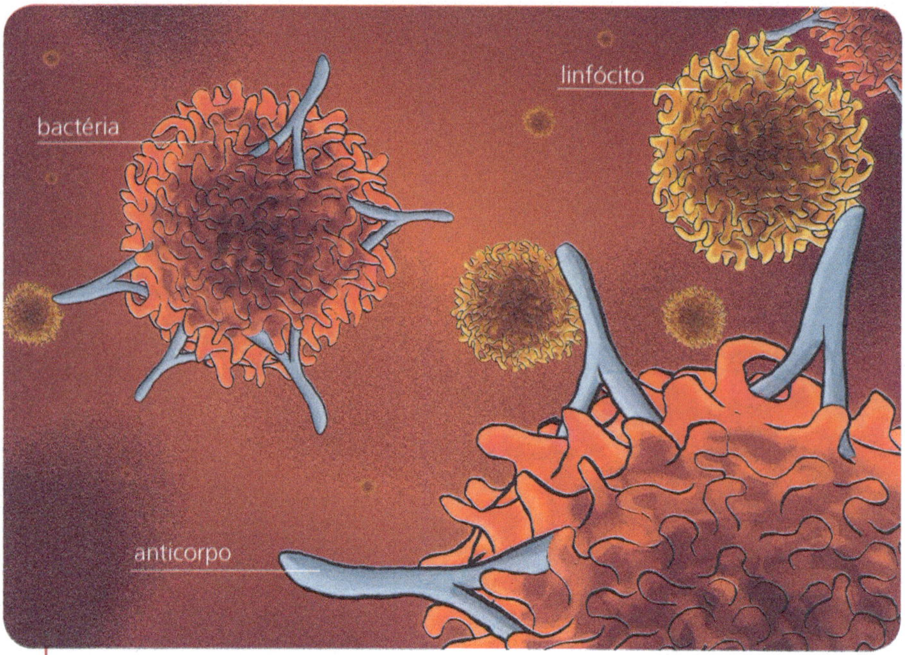

Os anticorpos são produzidos por células especiais do nosso sistema imunitário chamadas linfócitos. Isso ocorre quando algum antígeno (bactérias, fungos, vírus etc.) entra em contato com o nosso organismo.

As proteínas são substâncias fundamentais na construção de matéria viva (músculos, colágeno, membranas celulares etc.), além de atuarem como enzimas (na manutenção e aceleração de inúmeras reações químicas de nosso organismo) e anticorpos (na proteção contra agentes infecciosos). Por isso, esses alimentos são chamados de construtores.

O brasileiro, tradicionalmente, obtém parte das proteínas de que necessita de uma mistura muito conhecida: o arroz com feijão.

A mistura das leguminosas com o arroz (ou qualquer outro cereal) fornece todos os AMINOÁCIDOS ESSENCIAIS de que nosso organismo precisa.

Além das proteínas, as leguminosas contêm também carboidratos complexos (amido), fibras, ferro e compostos bioativos. Entretanto, o ferro desses alimentos vegetais não é tão bem aproveitado pelo corpo como o ferro presente em alimentos de origem animal.

Para ajudar na absorção do ferro das leguminosas, é recomendável incluir na refeição alimentos ricos em vitamina C (como brócolis, pimentão, laranja ou limão) ou algum tipo de carne.

AMINOÁCIDOS ESSENCIAIS

Os aminoácidos são classificados em:

- Essenciais (os que não são produzidos pelo organismo e devem ser obtidos pela alimentação).
- Não essenciais (os que são produzidos pelo próprio organismo por meio de transformações químicas).

A vitamina C ajuda o organismo a absorver o ferro das leguminosas.

Aminoácidos essenciais

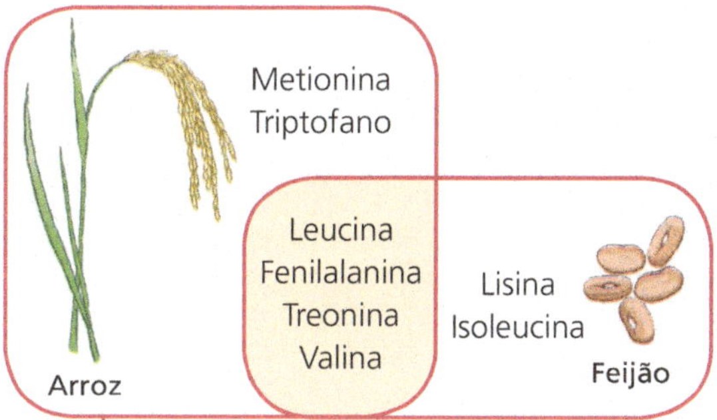

A mistura do arroz com o feijão fornece os oito aminoácidos essenciais ao organismo.

Jupiter Unlimited/Imageplus

Nozes e castanhas são ricas em gorduras insaturadas.

As castanhas e sementes, além de ricas em proteínas, contêm também **GORDURAS INSATURADAS** e diversas vitaminas e minerais. Seu consumo está relacionado à prevenção de doenças cardíacas, diabetes e alguns tipos de câncer.

Recomenda-se consumir diariamente uma porção de leguminosas, variando sempre os tipos. Para garantir o consumo de proteínas de alta qualidade, coloque no prato uma parte de feijão para duas partes de arroz. As castanhas e sementes podem fazer parte da alimentação na forma de lanches ou misturadas aos alimentos nas principais refeições.

GORDURAS INSATURADAS
Tipo de gordura presente na alimentação.
http://veja.abril.com.br/saude/gordura-insaturada-pode-ajudar-na-perda-de-peso-em-pessoas-obesas
Acesso em: 6 abr. 2017.

Você sabia?

Os vários tipos de feijão

No Brasil, existem muitas espécies de feijão. Por exemplo: carioquinha, preto, branco, verde, jalo, largo, manteiguinha, mungo, fradinho, mangalô, guandu, de-corda, azuqui, flageolet, macáçar etc. Esses feijões podem ser utilizados tanto no arroz e feijão do dia a dia como no preparo de outros pratos, como o acarajé, na Bahia, o feijão-tropeiro, em Minas Gerais, e o *anko*, doce de feijão japonês consumido nas regiões Sul e Sudeste.

Steve Cohen/FoodPix/Getty Images

Mochi é um bolinho de arroz que pode ser recheado com doce de feijão (*anko*), encontrado em lojas de produtos orientais.

Grupo 4: leite e derivados, carnes, peixes e ovos

Leite, queijo, iogurte, carnes, peixes e ovos são alimentos ricos em proteínas, e também são considerados alimentos construtores. Eles contêm proteínas completas, com todos os aminoácidos essenciais nas quantidades de que o corpo necessita para crescer e se manter saudável.

Além disso, o leite e seus derivados são alimentos ricos em cálcio, nutriente responsável pela formação e pela manutenção dos ossos.

Já as carnes (bovina, suína, caprina, ovina, de aves e de peixes) são ricas em ferro. Este, diferentemente do ferro dos vegetais, é muito bem aproveitado pelo nosso corpo, prevenindo a anemia.

Os alimentos construtores são essenciais para um crescimento saudável.

Recomenda-se o consumo diário de três porções de leite e derivados e uma porção de carnes, peixes ou ovos.

Crianças, adolescentes e gestantes devem preferir o leite integral, rico em gorduras essenciais para a formação do sistema nervoso, enquanto adultos devem consumir a versão desnatada.

Deve-se retirar toda a banha aparente das carnes antes de prepará-las, pois são ricas em gorduras saturadas. Peixes, tanto de água doce como de salgada, devem ser consumidos pelo menos duas duas vezes por semana, pois contêm gorduras insaturadas essenciais, enquanto hambúrgueres, embutidos e outros **PRODUTOS INDUSTRIALIZADOS** devem ser consumidos ocasionalmente, por serem ricos em gorduras saturadas e em sal.

PRODUTOS INDUSTRIALIZADOS
Em excesso, alimentos industrializados podem trazer riscos à saúde.
http://revistaepoca.globo.com/Revista/Epoca/0,,EMI81836-15257,00.html
Acesso em: 14 out. 2010.

A DIETA VEGETARIANA

Existem várias linhas de vegetarianismo, desde aquelas que restringem somente o consumo de carnes até aquelas que não permitem nem o consumo de subprodutos de origem animal, como ovos e leite.

Em todos os casos, entretanto, a dieta vegetariana tem como base o consumo de cereais, raízes, tubérculos, leguminosas, frutas, verduras, legumes e oleaginosas.

Todas as vezes que reduzimos ou cortamos totalmente alguma categoria de alimento de nossa dieta habitual, podemos torná-la deficiente.

O vegetarianismo restrito, que exclui todo tipo de alimento de origem animal, pode levar à anemia e a sérios distúrbios neurológicos pela carência de vitamina B12. Nesses casos, é necessário o consumo de alimentos enriquecidos ou de suplementos dessa vitamina, sob orientação de médico ou nutricionista.

A opção por uma dieta vegetariana deve ser bem planejada para que não ocorra o aparecimento de nenhum tipo de doença carencial.

Grupo 5: gorduras, açúcares e sal

As gorduras (óleos, margarina, manteiga) e os açúcares (açúcar branco, mascavo, demerara etc.) são alimentos altamente energéticos que, se consumidos em excesso, podem levar à obesidade e ao surgimento de doenças crônicas. Além de energia, as gorduras fornecem para o corpo ácidos graxos essenciais e vitaminas lipossolúveis.

Os **ÁCIDOS GRAXOS ESSENCIAIS** são componentes das gorduras que não são produzidos pelo organismo humano e, portanto, devem ser consumidos na alimentação.

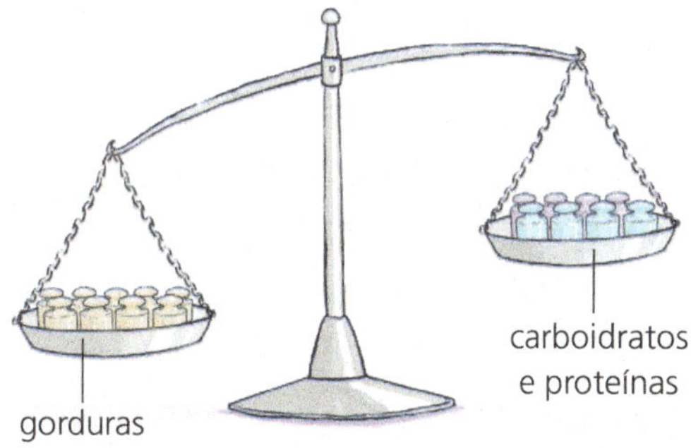

A gordura é o nutriente mais calórico: fornece 9 calorias por grama, enquanto os carboidratos e as proteínas fornecem, cada um, 4 calorias por grama.

VITAMINAS LIPOSSOLÚVEIS

Vitamina	Nome	Ação
A	Retinol	Visão/crescimento/manutenção do tecido epitelial/defesa contra doenças/reprodução
D	Calciferol	Metabolismo do cálcio e fósforo (manutenção dos ossos)
E	Tocoferol	Fertilidade/antioxidante
K	Filoquinona	Coagulação do sangue

As vitaminas lipossolúveis têm esse nome porque são solúveis em gordura. No intestino, elas são absorvidas com outros lipídios devido à ação da bile, liberada pelo fígado, e dos sucos pancreáticos. Essas vitaminas são transportadas pelo sistema linfático para diferentes partes do corpo.

As gorduras são essenciais para manter o bom funcionamento e a integridade do organismo. Entretanto, vale lembrar que existem diferentes tipos de gordura, que podem ser benéficos ou prejudiciais à saúde, dependendo da quantidade consumida.

ÁCIDOS GRAXOS ESSENCIAIS
Veja em quais alimentos eles estão presentes.
ftp://ftp.sp.gov.br/ftppesca/acidos_graxos.pdf
Acesso em: 21 set. 2010.

OS DIFERENTES TIPOS DE GORDURA

Saturadas: São encontradas nos alimentos de origem animal (manteiga, banha, toucinho, carnes, leite e iogurte integrais) e no óleo de coco. Se consumidas em excesso, causam elevação do colesterol sanguíneo e doenças cardiovasculares (como infarto e derrame).

Insaturadas: Estão presentes principalmente em alimentos de origem vegetal (sementes, castanhas, azeitona, abacate, óleo de oliva, canola, soja, girassol) e também nos peixes. Entre as gorduras insaturadas estão as chamadas ômega-3, ômega-6 e ômega-9, que levam à diminuição do colesterol sanguíneo e à prevenção de doenças cardiovasculares. Para obter esses benefícios, o ideal é substituir parte das gorduras saturadas pelas insaturadas na alimentação. O consumo exagerado de gorduras insaturadas também pode levar ao ganho de peso e trazer prejuízos à saúde.

Trans: São gorduras criadas no processo de industrialização de alimentos. Estão presentes em diversos tipos de biscoitos, bolos, sorvetes, massas folhadas, batatas fritas etc. Seu consumo, mesmo que mínimo, está relacionado ao aumento do colesterol e das doenças cardiovasculares, sendo tão ou mais prejudicial do que as gorduras saturadas.

Os açúcares podem ser chamados de carboidratos simples. Eles não são essenciais ao corpo, pois é possível obtermos toda a energia de que necessitamos dos carboidratos complexos (amido). Entretanto, os seres humanos têm preferência por alimentos doces, e seu consumo é muito comum. Como são alimentos ricos em calorias, recomenda-se apenas uma porção do grupo dos açúcares e doces e uma porção do grupo dos óleos e gorduras ao dia.

O sal de cozinha (cloreto de sódio – NaCl) é a principal fonte de sódio (Na) da nossa alimentação. O sódio está relacionado com o equilíbrio de líquidos no nosso corpo. Além disso, atua na manutenção da pressão sanguínea.

Vale lembrar que o excesso de sal pode ser responsável pela HIPERTENSÃO (pressão alta).

Recomenda-se que a ingestão de sal de cozinha seja de, no máximo, uma colher de chá rasa (5 g) ao dia, distribuída em todas as refeições. Deve-se evitar usar o saleiro à mesa e o consumo de alimentos industrializados ricos em sal, como temperos prontos, enlatados, embutidos e sopas em pó.

Mauro Júnior/Agência RBS/Folhapress

Feira Nacional do Doce – Pelotas (RS).

HIPERTENSÃO
O que é e como prevenir ou controlar.
http://bvsms.saude.gov.br/bvs/dicas/52hipertensao.html
Acesso em: 7 maio 2014.

VÁRIOS ALIMENTOS CONTÊM GORDURAS E AÇÚCARES

As gorduras e os açúcares estão presentes naturalmente em vários alimentos e, muitas vezes, não nos damos conta disso.

Podemos encontrar gorduras em alimentos como castanhas, carnes, leite, sementes, cereais, leguminosas, abacate, coco, azeitonas. Já os açúcares estão presentes naturalmente nas frutas, em alguns vegetais e no mel. É a partir desses alimentos que se produzem, por exemplo, os óleos vegetais (soja, girassol, milho), a margarina, a manteiga, o creme de leite e o açúcar branco.

As gorduras e os açúcares retirados desses alimentos são incorporados a outros, como sucos prontos já adoçados, bolos, biscoitos, chocolates, massas folhadas, pastéis e outros produtos industrializados.

Você sabia?

Sal iodado

No Brasil, é obrigatório acrescentar iodo ao sal de cozinha (sal iodado) para garantir o consumo recomendado desse nutriente diariamente. A carência do iodo na alimentação causa o bócio (aumento da tireoide, que gera inchaço no pescoço), podendo levar ao retardo mental e aos abortos espontâneos.

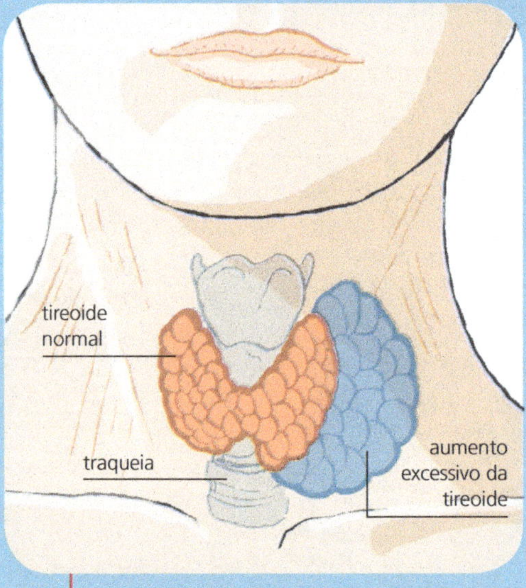

Bócio causado pela falta de iodo.

A PIRÂMIDE ALIMENTAR BRASILEIRA

Os guias alimentares também podem ser representados na forma de imagem, facilitando a compreensão e consulta no dia a dia. A pirâmide alimentar adaptada à população brasileira é um exemplo disso.

A pirâmide apresenta os alimentos usualmente consumidos pelos brasileiros. Eles estão distribuídos em patamares: o primeiro patamar (base da pirâmide) representa os alimentos energéticos, o segundo representa os reguladores, o terceiro representa os construtores e o quarto representa os energéticos extras.

Os patamares mais próximos à base, que ocupam um espaço maior dentro da pirâmide, representam os alimentos que devem ser mais frequentes em nossa alimentação. O contrário acontece com os patamares superiores, que ocupam pouco espaço dentro da pirâmide e, portanto, devem ser consumidos em menores quantidades em relação aos outros alimentos.

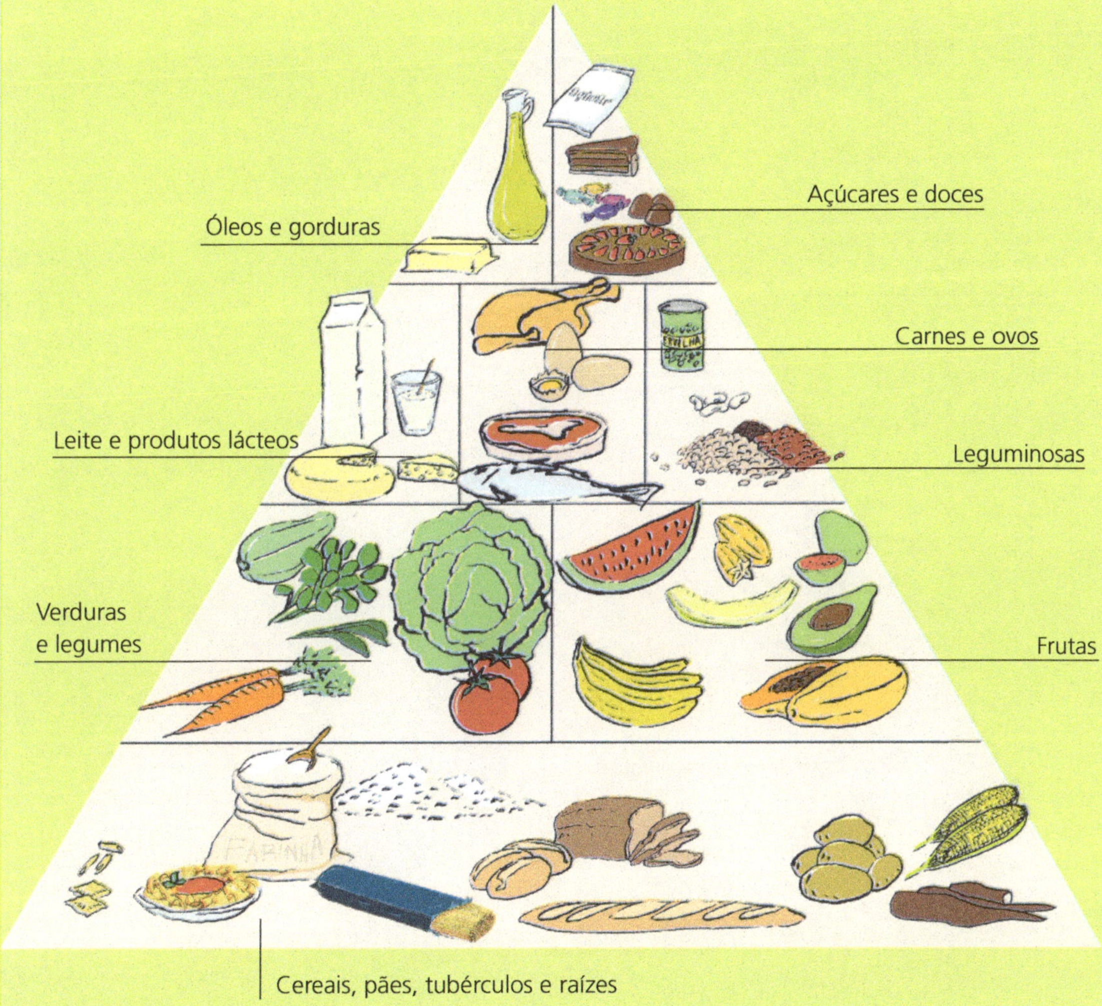

PHILIPPI, S.T. et al., 1999.

OUTROS GUIAS ALIMENTARES

Existem diversos guias alimentares. Eles variam de acordo com os países e seus hábitos.

Observe que até o formato muda. Enquanto no Brasil temos uma pirâmide, na Guatemala é usada a forma de um pote e na China a de um pagode, por exemplo.

Guia alimentar da Guatemala

Guia alimentar dos Estados Unidos

Guia alimentar do México

Guia alimentar do Canadá

Guia alimentar da China

LEIA ANTES DE CONSUMIR

3

Jupiter Unlimited/Imageplus

Para escolher um produto é importante conhecer seus componentes e suas propriedades nutricionais.

VOCÊ COSTUMA LER AS EMBALAGENS ANTES DE ABRI-LAS E COMEÇAR A COMER? BISCOITOS, BOLOS, ENLATADOS, SUCOS E REFRIGERANTES SÃO ALGUNS DOS PRODUTOS ATRAENTES QUE COSTUMAM DIVIDIR O ESPAÇO DAS PRATELEIRAS DOS MERCADOS.

A estratégia para atrair a atenção dos consumidores é ter uma embalagem colorida, chamativa e que sempre destaca as qualidades do produto, para que ele seja escolhido entre uma infinidade de outras marcas e opções.

A embalagem, entretanto, nos traz muito mais informações do que simplesmente uma bela foto ou uma frase do tipo "não possui conservantes" ou "não contém gordura trans".

Todas essas informações servem para orientar as pessoas na hora de escolher o produto que irão comprar. Duas em especial possuem forte relação com a manutenção de nossa saúde: a Tabela de Informações Nutricionais e a Lista de Ingredientes.

Entretanto, muitas pessoas não costumam consultar esses dados, seja por desinteresse ou simplesmente por não saber utilizá-los.

Entendendo as embalagens

No Brasil, a Agência Nacional de Vigilância Sanitária (ANVISA), exige que todos os alimentos embalados apresentem uma rotulagem nutricional. Isso significa que todos os produtos alimentícios industrializados devem possuir em sua embalagem algumas informações, como explicaremos a seguir.

ANVISA

Anvisa é o órgão do Ministério da Saúde responsável pela promoção e proteção da saúde por meio da fiscalização e regularização de produtos e serviços destinados aos brasileiros.
http://portal.anvisa.gov.br
Acesso em: 6 abr. 2017.

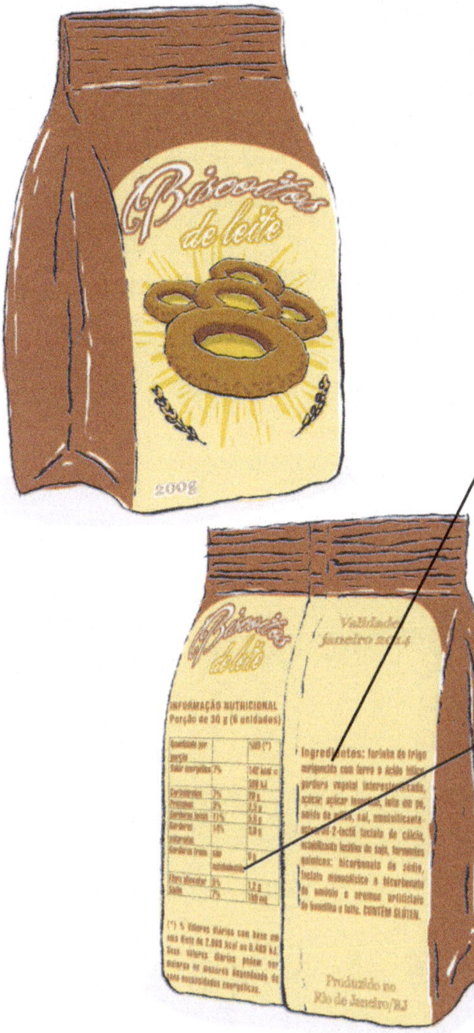

Ingredientes: farinha de trigo enriquecida com ferro e ácido fólico, gordura vegetal interesterificada, açúcar, açúcar invertido, leite em pó, amido de milho, sal, emulsificante estearoil-2-lactil lactato de cálcio, estabilizante lecitina de soja, fermentos químicos: bicarbonato de sódio, fosfato monocálcico e bicarbonato de amônio e aromas artificiais de baunilha e leite.
CONTÉM GLÚTEN.

INFORMAÇÃO NUTRICIONAL PORÇÃO DE 30 g (6 UNIDADES)		
QUANTIDADE POR PORÇÃO		%VD*
Valor energético	142 kcal = 598 kJ	7%
Carboidratos	20 g	7%
Proteínas	2,3 g	3%
Gorduras totais	5,9 g	11%
Gorduras saturadas	3,0 g	14%
Gorduras trans	0 g	**
Fibra alimentar	1,2 g	5%
Sódio	169 mg	7%

(*) % Valores diários com base em uma dieta de 2.000 kcal ou 8.400 kJ. Seus valores diários podem ser maiores ou menores dependendo de suas necessidades energéticas.
(**) Valor não estabelecido.

A Tabela de Informações Nutricionais

A Tabela de Informações Nutricionais, presente normalmente na parte de trás ou na lateral das embalagens, deve sempre conter informações sobre as quantidades de:

- Calorias: em quilocalorias (kcal) e quilojoules (kJ).
- Carboidratos: em gramas (g).
- Proteínas: em gramas (g).
- Gorduras totais: em gramas (g).
- Gorduras saturadas: em gramas (g).
- Gorduras trans: em gramas (g).
- Fibra alimentar: em gramas (g).
- Sódio: em miligramas (mg).

Entretanto, para que possamos compreender todas as informações contidas na tabela, é necessário antes entender os conceitos de porção e porcentagem do valor diário (%VD).

A porção

Todos os dados contidos na Tabela de Informações Nutricionais se referem a uma porção do alimento. A porção é a quantidade normalmente consumida. Por exemplo, um litro de leite contém cinco porções de 200 mℓ (um copo), que é a quantidade usualmente consumida.

O tamanho da porção foi definido pela Anvisa, considerando os hábitos alimentares da população brasileira e as recomendações para uma alimentação saudável.

A porção deve aparecer na Tabela de Informações Nutricionais em gramas (g), se for um alimento sólido, ou mililitros (mℓ), no caso de um líquido, e também em medidas caseiras (copo, xícara, colher, prato etc.), para facilitar a medição.

Jupiter Unlimited/Imageplus

Um litro de leite contém cinco porções (de 200 mℓ) de leite.

Porcentagem do valor diário (%VD)

A porcentagem do valor diário (%VD) indica a quantidade de calorias e nutrientes que uma porção do alimento fornece em relação a uma dieta de 2 mil quilocalorias diárias. Cada nutriente possui um valor de referência para o cálculo dessa porcentagem.

No entanto, é importante lembrar que a quantidade de energia e nutrientes que devemos consumir diariamente varia de acordo com a idade, o sexo, o nível de atividade física etc.

Veja a tabela a seguir, que apresenta quanto de energia e nutrientes é recomendado para uma dieta de 2 mil quilocalorias.

TABELA DE VALORES DIÁRIOS (VD) DE REFERÊNCIA	
Valor energético	2.000 kcal ou 8.400 kJ
Carboidratos	300 g
Proteínas	75 g
Gorduras totais	55 g
Gorduras saturadas	22 g
Gorduras trans	**
Fibra alimentar	25 g
Sódio	2.400 mg
** As gorduras trans não apresentam VD de referência, pois sua ingestão não é recomendada.	

Você sabia? !?

Lixo e reciclagem

O elevado consumo de produtos industrializados é um dos principais responsáveis pelo grande volume de lixo que produzimos todos os dias. Calcula-se que uma pessoa que mora na cidade de São Paulo produza cerca de 1,5 kg de lixo por dia. No Brasil são produzidas cerca de 100 mil toneladas de lixo por dia, e apenas 5% desse lixo é reciclado.

Lembre-se: a maior parte das embalagens pode e deve ser reciclada.

Rogério Reis/Olhar Imagem

Trabalhadores em fábrica de reciclagem.

ESCOLHA ALIMENTOS SAUDÁVEIS LENDO A TABELA DE INFORMAÇÕES NUTRICIONAIS:

- Prefira os alimentos com maior %VD de fibras alimentares.
- Prefira os alimentos com menores %VD de gorduras totais, gorduras saturadas e sódio.
- Prefira os alimentos sem gordura trans ou que contenham a menor quantidade (em gramas) desse tipo de gordura.

Exemplo de embalagem com os respectivos valores diários (%VD)

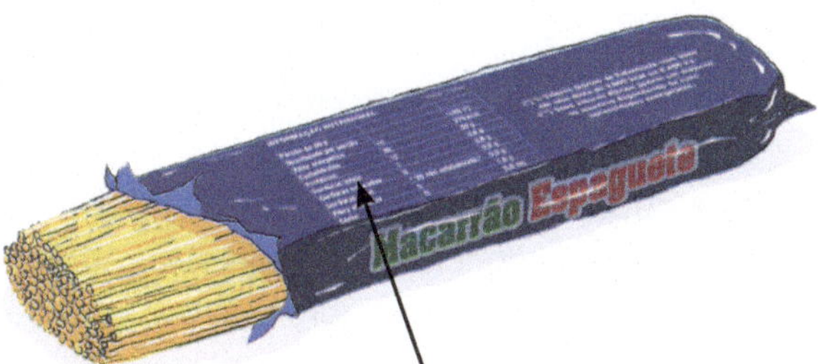

INFORMAÇÃO NUTRICIONAL Porção de 80 g (1 prato)		
Quantidade por porção		%VD*
Valor energético	279 kcal ou 1.172 kJ	14%
Carboidratos	59 g	20%
Proteínas	8,8 g	12%
Gorduras totais	0,8 g	1%
Gorduras saturadas	0 g	0%
Gorduras trans	0 g	**
Fibra alimentar	1,6 g	6%
Sódio	0 mg	0%

(*) % Valores diários com base em uma dieta de 2.000 kcal ou 8.400 kJ. Seus valores diários podem ser maiores ou menores dependendo de suas necessidades energéticas.
(**) Valor não estabelecido.

Lista de Ingredientes

Além da Tabela de Informações Nutricionais, todos os produtos industrializados devem ter uma Lista de Ingredientes.

Nessa lista devem ser citados todos os ingredientes utilizados, desde os alimentos usados como matéria-prima até os aditivos alimentares.

Ingredientes: AÇÚCAR, cacau, extrato de malte, soro de leite em pó, sal, vitaminas (C, B3, B2, B6, B1, A e D), estabilizante lecitina de soja e aromatizantes.

ADITIVOS ALIMENTARES

Qualquer substância natural ou artificial adicionada propositalmente a um alimento com o objetivo de alterar suas características, como aparência, textura, prazo de validade, entre outras, é chamada de aditivo alimentar. São exemplos de aditivos os corantes, aromatizantes, acidulantes, antiumectantes etc.

Mais informações sobre esse assunto podem ser vistas em:

- *Alimentos em pratos limpos*, de Egidio Trambaiolli Neto, Atual, 2009.
- *Site* da Anvisa. Disponível em: <http://portal.anvisa.gov.br/alimentos/aditivos-alimentares>.
  Acesso em: 6 abr. 2017.

AÇÚCAR

O açúcar é o principal ingrediente em diversos produtos industrializados. Veja os males que o consumo excessivo de açúcar pode causar.
http://veja.abril.com.br/saude/acucar-um-grande-vilao-da-saude
Acesso em: 6 abr. 2017.

Os ingredientes são sempre organizados em ordem decrescente de quantidade, ou seja, o primeiro ingrediente é aquele presente em maior quantidade no produto, e o último, em menor. Assim, em conjunto com a Tabela de Informações Nutricionais, a Lista de Ingredientes nos auxilia na escolha de alimentos adequados para a manutenção da saúde.

Além da Lista de Ingredientes e da Tabela de Informações Nutricionais, outras informações importantes podem ser colocadas na embalagem, especificando se o produto é *diet* ou *light*, se contém colesterol, gordura trans, entre outros dados.

Diet x *light*: qual é a diferença?

Os produtos *diet* e *light* invadiram as prateleiras dos mercados nos últimos anos, atraindo os consumidores com promessas de serem mais saudáveis e contribuírem para a perda de peso. Isso é mesmo verdade? Qual é a diferença entre os produtos *diet* e *light* e para que eles servem realmente?

Os alimentos chamados *diet* (ou dietéticos) são modificados especialmente para pessoas que precisam restringir o consumo de certos nutrientes. No caso dos diabéticos, por exemplo, cuja dieta deve ser restrita em açúcares, existem os produtos dietéticos sem açúcar.

Já os alimentos denominados *light* apresentam uma redução de, pelo menos, 25% de calorias ou do conteúdo de nutrientes em relação ao alimento tradicional.

Normalmente os alimentos *light* são voltados para pessoas que querem perder peso, pois apresentam menor quantidade de açúcares e gorduras. Alguns, inclusive, nem apresentam esses nutrientes (você, provavelmente, já se deparou com uma embalagem que dizia "0% de gordura" ou "zero açúcar").

Portanto, a maioria dos alimentos *light* tem menos calorias, mas nem sempre eles devem ser consumidos por diabéticos, pois podem conter açúcar. Do mesmo modo, nem todo alimento *diet* sem açúcar possui menos calorias e deve ser consumido por pessoas que querem perder peso, pois alguns deles possuem maiores quantidades de gordura e podem ser quase tão calóricos quanto os alimentos tradicionais. Veja o exemplo da página seguinte.

Na batalha do *diet* × *light*, a vitória muda conforme as necessidades do consumidor.

INFORMAÇÃO NUTRICIONAL
Porção de 25 g (4 quadrados)

Quantidade por porção		%VD*
Valor energético	132 kcal ou 554 kJ	7%
Carboidratos	14 g	5%
Proteínas	1,4 g	2%
Gorduras totais	7,8 g	14%
Gorduras saturadas	4,7 g	21%
Gorduras trans	0 g	**
Fibra alimentar	0,6 g	2%
Sódio	13 mg	1%

(*) % Valores diários com base em uma dieta de 2.000 kcal ou 8.400 kJ.
(**) Valor não estabelecido.

Chocolate tradicional.

INFORMAÇÃO NUTRICIONAL
Porção de 25 g (4 quadrados)

Quantidade por porção		%VD*
Valor energético	122 kcal ou 512 kJ	6%
Carboidratos	14 g	5%
Proteínas	1,3 g	2%
Gorduras totais	8,7 g	16%
Gorduras saturadas	4,7 g	21%
Gorduras trans	0 g	**
Fibra alimentar	0,7 g	3%
Sódio	19 mg	1%

(*) % Valores diários com base em uma dieta de 2.000 kcal ou 8.400 kJ.
(**) Valor não estabelecido.

Chocolate *diet*.

Mesmo quando um produto apresenta os termos *light* ou *diet* escritos em sua embalagem, é importante verificar a Tabela de Informações Nutricionais e a Lista de Ingredientes para ter certeza de que esse alimento trará os benefícios esperados ou poderá ser consumido sem prejuízo à saúde.

Como você pôde perceber, as embalagens contêm uma grande quantidade de informações que devem ser utilizadas na hora de escolher entre esse ou aquele produto, ou entre essa e aquela marca.

O importante é sempre fazer uma escolha consciente e que ajude na manutenção de sua saúde. Nesse caso, a informação é sua maior aliada. Por isso, sempre leia a embalagem antes de consumir um alimento.

NÃO CONTÉM GLÚTEN

Você certamente já leu em uma embalagem o termo "Não contém glúten". Qual é o significado e a importância disso?

O glúten é um tipo de proteína presente no trigo, na aveia, na cevada e no centeio.

Algumas pessoas possuem intolerância ao glúten: se consumido, causa, entre outros sintomas, uma forte diarreia. Essa intolerância é conhecida como doença celíaca e afeta milhares de pessoas no Brasil.

O único tratamento para a doença celíaca é a retirada do glúten da alimentação. Entretanto, esse não é um procedimento simples, pois além dos alimentos comumente preparados com cereais, como pães, massas e biscoitos, muitos outros alimentos industrializados podem conter essa proteína, como os empanados, achocolatados em pó e iogurtes.

Sendo assim, a Anvisa determinou que todos os alimentos industrializados deverão conter em seu rótulo, obrigatoriamente, as inscrições "contém glúten" ou "não contém glúten", conforme o caso, orientando as pessoas sobre o consumo desses alimentos.

PESO E MASSA CORPORAL

4

O controle do peso corporal é essencial para garantir a nossa saúde.

QUEM NUNCA TEVE MEDO DE ENCARAR UMA BALANÇA? ELA PODE REVELAR UMA REALIDADE QUE ÀS VEZES NÃO QUEREMOS SABER. MAS QUANTO DISSO É MITO OU VERDADE?

A balança tem o poder de mostrar com precisão como está nosso corpo ou nossa saúde naquele momento? Afinal, a saúde é o que importa.

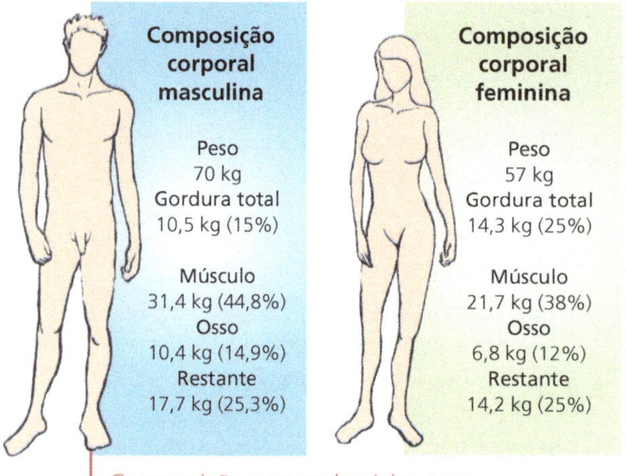

Composição corporal teórica para homens e mulheres entre 20 e 24 anos.

Adaptado de: MAHAN, L. K.; ESCOTT-STUMP, S., 2005.

A massa corporal

Nosso peso total é formado pela soma do peso de ossos, músculos, órgãos, líquidos corporais (como o sangue) e gordura (tecido adiposo).

A massa corporal pode ser dividida em dois grandes grupos:

- Massa gorda (formada pelo tecido adiposo), que varia bastante ao longo de nossa vida, sendo a principal responsável pelas grandes variações de peso.
- Massa magra (formada pelos demais tecidos não adiposos). Nesse grupo, a massa muscular é a que mais varia, podendo aumentar com exercícios e diminuir quando há o aparecimento de algumas doenças, como o câncer ou infecções graves.

É normal que o peso sofra alterações ao longo da vida, de acordo com a idade, o nível de atividade física praticada e a quantidade de alimentos que consumimos. Gravidez e envelhecimento também influenciam nessa variação.

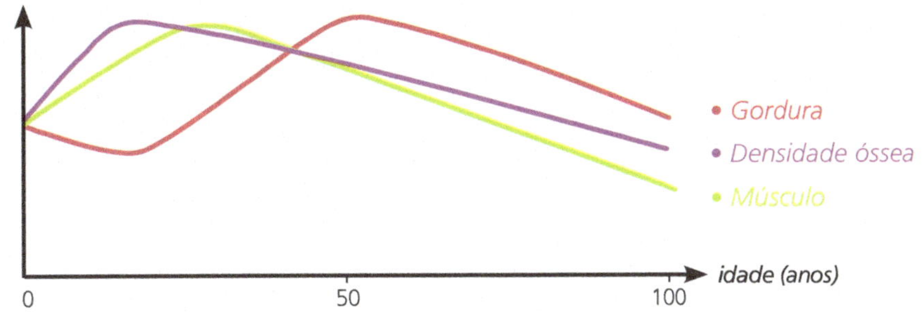

Variação da quantidade de gordura, densidade óssea e músculos ao longo da vida. Adaptado de: SOBOTKA, 2008.

Como saber se meu peso está adequado?

Para sabermos se nosso peso está adequado devemos sempre levar em conta três variáveis: o sexo, a idade e a altura.

Um dos principais indicadores de peso adequado é o Índice de Massa Corporal (IMC).

O IMC

É provável que você já tenha visto e usado alguma tabela de IMC que encontrou em revistas ou na internet.

Esse índice leva em conta a altura (em metros) para indicar se o peso (em quilogramas) está adequado, de acordo com a fórmula a seguir:

$$\text{IMC} = \frac{\text{peso}}{(\text{altura})^2}$$

Por exemplo: Um homem com 80 kg e 1,82 m de altura está com o peso adequado? Vamos calcular.

$$\text{IMC} = \frac{80 \text{ kg}}{(1{,}82 \text{ m})^2}$$

$$\text{IMC} = \frac{80 \text{ kg}}{3{,}31 \text{ m}^2}$$

IMC = 24,17 kg/m²

Mas afinal, o que isso quer dizer? Para os adultos (entre 20 e 60 anos) existem faixas de IMC definidas pela ORGANIZAÇÃO MUNDIAL DA SAÚDE (OMS), que indicam se o peso está adequado.

TABELA DE IMC (kg/m²) INDIVÍDUOS ADULTOS DE 20 A 60 ANOS	
< 18,5	Baixo peso (subnutrição)
18,5 – 24,9	**Normal**
25,0 – 29,9	Sobrepeso (pré-obesidade)
30,0 – 34,9	Obesidade grau I
35,0 – 39,9	Obesidade grau II
≥ 40	Obesidade grau III

Fonte: OMS, 2000.

Assim, o homem de nosso exemplo estaria enquadrado dentro da faixa de peso normal.

Para as crianças e os adolescentes, as faixas de IMC variam de acordo com a idade, devido ao crescimento, conforme pode ser observado nas tabelas a seguir.

ORGANIZAÇÃO MUNDIAL DA SAÚDE

É uma agência da Organização das Nações Unidas (ONU) especializada em saúde, que tem por objetivo melhorar o nível de saúde de todos os povos.

http://www.who.int (site em inglês)
Acesso em: 24 set. 2010.

TABELA DE IMC (kg/m²) MENINOS DE 10 A 19 ANOS				
Idade	Baixo Peso	Normal	Sobrepeso	Obesidade
10 anos	< 13,9	13,9 a 18,6	18,7 a 21,0	> 21,0
10 anos e 6 meses	< 14,0	14,0 a 18,9	19,0 a 21,5	> 21,5
11 anos	< 14,2	14,2 a 19,3	19,4 a 22,0	> 22,0
11 anos e 6 meses	< 14,4	14,4 a 19,6	19,7 a 22,5	> 22,5
12 anos	< 14,6	14,6 a 20,1	20,2 a 23,1	> 23,1
12 anos e 6 meses	< 14,8	14,8 a 20,5	20,6 a 23,6	> 23,6
13 anos	< 15,1	15,1 a 20,9	21,0 a 24,2	> 24,2
13 anos e 6 meses	< 15,4	15,4 a 21,4	21,5 a 24,8	> 24,8
14 anos	< 15,6	15,6 a 21,9	22,0 a 25,3	> 25,3
14 anos e 6 meses	< 15,9	15,9 a 22,4	22,5 a 25,8	> 25,8
15 anos	< 16,2	16,2 a 22,8	22,9 a 26,4	> 26,4
15 anos e 6 meses	< 16,4	16,4 a 23,2	23,3 a 26,8	> 26,8
16 anos	< 16,7	16,7 a 23,7	23,8 a 27,3	> 27,3
16 anos e 6 meses	< 16,9	16,9 a 24,0	24,1 a 27,7	> 27,7
17 anos	< 17,1	17,1 a 24,4	24,5 a 28,0	> 28,0
17 anos e 6 meses	< 17,3	17,3 a 24,7	24,8 a 28,4	> 28,4
18 anos	< 17,5	17,5 a 25,0	25,1 a 28,6	> 28,6
18 anos e 6 meses	< 17,6	17,6 a 25,3	25,4 a 28,9	> 28,9
19 anos	< 17,8	17,8 a 25,6	25,7 a 29,1	> 29,1

Fonte: OMS, 2007.

TABELA DE IMC (kg/m²) MENINAS DE 10 A 19 ANOS				
Idade	Baixo Peso	Normal	Sobrepeso	Obesidade
10 anos	< 13,6	13,6 a 19,1	19,2 a 22,1	> 22,1
10 anos e 6 meses	< 13,8	13,8 a 19,5	19,6 a 22,6	> 22,6
11 anos	< 14,0	14,0 a 20,0	20,1 a 23,2	> 23,2
11 anos e 6 meses	< 14,3	14,3 a 20,4	20,5 a 23,8	> 23,8
12 anos	< 14,6	14,6 a 20,9	21,0 a 24,4	> 24,4
12 anos e 6 meses	< 14,8	14,8 a 21,4	21,5 a 25,0	> 25,0
13 anos	< 15,1	15,1 a 21,9	22,0 a 25,6	> 25,6
13 anos e 6 meses	< 15,4	15,4 a 22,4	22,5 a 26,1	> 26,1
14 anos	< 15,6	15,6 a 22,9	23,0 a 26,7	> 26,7
14 anos e 6 meses	< 15,9	15,9 a 23,3	23,4 a 27,1	> 27,1
15 anos	< 16,1	16,1 a 23,7	23,8 a 27,6	> 27,6
15 anos e 6 meses	< 16,2	16,2 a 24,0	24,1 a 27,9	> 27,9
16 anos	< 16,4	16,4 a 24,2	24,3 a 28,2	> 28,2
16 anos e 6 meses	< 16,5	16,5 a 24,5	24,6 a 28,4	> 28,4
17 anos	< 16,6	16,6 a 24,7	24,8 a 28,6	> 28,6
17 anos e 6 meses	< 16,6	16,6 a 24,8	24,9 a 28,8	> 28,8
18 anos	< 16,7	16,7 a 24,9	25,0 a 28,9	> 28,9
18 anos e 6 meses	< 16,7	16,7 a 25,0	25,1 a 28,9	> 28,9
19 anos	< 16,7	16,7 a 25,1	25,2 a 29,0	> 29,0

Fonte: OMS, 2007.

Como exemplo, vamos considerar uma menina de 11 anos e 6 meses com 35 kg e 1,40 m.

$$\text{IMC} = \frac{35 \text{ kg}}{(1{,}40 \text{ m})^2}$$

$$\text{IMC} = \frac{35 \text{ kg}}{1{,}96 \text{ m}^2}$$

IMC = 17,86 kg/m²

De acordo com a tabela, pode-se afirmar que o peso da menina está na faixa normal para sua idade e sexo.

É importante deixar claro que o Índice de Massa Corporal é um indicador de saúde, e não de beleza.

Isso significa que um adulto com IMC de 24,5 kg/m² (normal) tende a ser mais saudável do que um adulto com IMC de 30 kg/m² (obeso), pois este apresenta maior risco de desenvolver doenças crônicas, devido ao excesso de gordura corporal.

Porém, é possível que esse adulto com IMC de 24,5 kg/m² seja aparentemente "gordinho" aos nossos olhos, uma vez que o padrão estético de beleza atual é de magreza extrema.

Contudo, o IMC não é sempre um indicador preciso de saúde. Pessoas com muita massa muscular, como os **FISICULTURISTAS**, apresentam IMC na faixa de sobrepeso ou obesidade apesar de possuírem pouquíssima gordura corporal. Isso acontece porque músculos são mais pesados que gordura.

Dessa forma, o IMC não leva em conta a composição corporal do indivíduo (quantidade de massa magra e de massa gorda do corpo), e sim o peso total. Portanto, nesse e em outros casos, o IMC traz uma ideia equivocada de saúde.

FISICULTURISTAS

Com a musculação consegue-se volume, simetria, proporção e definição muscular. Mais informações no site da Confederação Brasileira de Musculação, Fisiculturismo e Fitness. http://ifbbbrasil.com.br.
Acesso em: 7 maio 2014.

Hulton Archive/Getty Images

Arquivo de Larissa Cunha

À esquerda, um dos ícones do fisiculturismo – o ator e político Arnold Schwarzenegger, que ganhou o prêmio Mister Olympia por diversas vezes nos anos 1970. À direita, Larissa Cunha, brasileira, ganhadora do Miss Physique Universe 2009.

PADRÕES DE BELEZA

Nas décadas de 1950 e 1960, a maioria das modelos e das atrizes famosas tinha IMC na faixa de normalidade. Com o tempo, esse padrão foi mudando.

A magreza extrema virou o ideal de beleza no início dos anos 1990 quando a modelo Kate Moss ganhou o mundo em *outdoors* e em revistas. Suas medidas eram: 84 centímetros de busto, 58 de cintura e 89 de quadril.

Atualmente, a maioria das modelos possui um IMC abaixo de 18,5 kg/m^2, o que as coloca na faixa de baixo peso ou subnutrição, com potenciais riscos à saúde.

No universo masculino, os padrões também mudaram. Nos anos 1970, por exemplo, não havia o culto ao corpo malhado como agora. Muitos galãs podiam ser considerados franzinos se comparados àqueles que estão em evidência hoje.

Deve-se ter consciência de que os padrões de beleza atuais são inatingíveis para a maioria das pessoas, o que pode causar frustração, problemas emocionais e de saúde.

Michael Ochs Archives/Getty Images

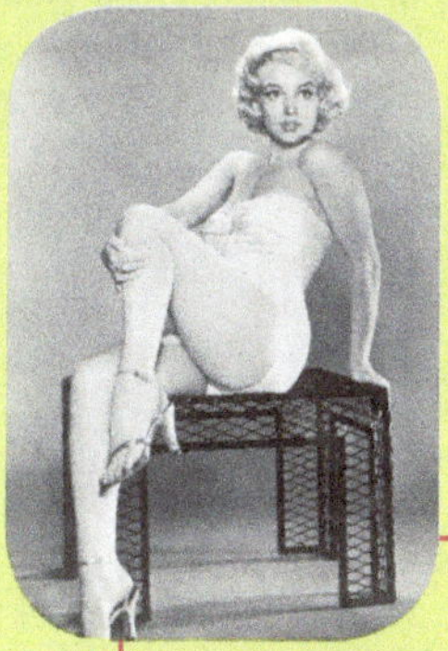

Steve Wood/Rex features/Keystone

À esquerda, a atriz Marilyn Monroe, um padrão de beleza com mais curvas. À direita, Kate Moss, uma modelo magra ao extremo.

Adhemar Veneziano/Editora Abril

NG Collection/Interfoto/Imageplus

À esquerda, o ator Lauro Corona, galã da década de 1980. À direita, Rodrigo Santoro, bronzeado e malhado, no filme americano *As panteras – Detonando*, de 2003.

Suplementos alimentares e anabolizantes: que efeito produzem em nosso corpo?

SUPLEMENTOS ALIMENTARES

Um corpo malhado e uma musculatura definida são os objetivos de muitas pessoas em academias e clubes.

Atualmente, sabe-se que a prática saudável da musculação, além de aumentar a massa muscular e consequentemente a força, também fortalece os tendões, ossos e ajuda a desenvolver a autoestima.

Esses resultados, entretanto, são lentos e exigem bastante disciplina, uma boa alimentação e a consciência dos limites de seu próprio corpo.

Se você frequenta uma academia ou conhece alguém que frequenta, provavelmente já viu (ou até mesmo experimentou) produtos vendidos com o nome de suplementos alimentares, que prometem resultados rápidos, quase milagrosos.

Isso é verdade?

Pessoas que praticam atividades físicas regularmente necessitam ingerir maior quantidade de carboidratos, proteínas, vitaminas e minerais.

Uma alimentação saudável e balanceada, na maioria das vezes, é suficiente para suprir essa necessidade.

Porém, atletas de alto nível (que chegam a treinar até 12 horas por dia) muitas vezes não conseguem todos os nutrientes somente com a alimentação.

Nesses casos, e somente nesses casos, o uso de suplementos alimentares pode fazer sentido. Veja na imagem ao lado alguns dos suplementos mais consumidos.

Suplementos para melhora de desempenho

Comércio de creatina e cafeína é liberado somente para atletas.
Disponível em: <http://saude.estadao.com.br/noticias/geral,anvisa-libera-consumo-de-creatina-e-cafeina-para-atletas,543702>
Acesso em: 20 mar. 2015.

Vitaminas

A prática de exercícios produz radicais livres no organismo, substâncias que em excesso podem ser prejudiciais. Vitaminas como a C e a E, por exemplo, anulam esses radicais. Entretanto, seu consumo excessivo pode prejudicar os rins e o fígado, causar diarreia e distúrbios do sistema nervoso.

Obtenha vitaminas ingerindo mais frutas, verduras e legumes.

Proteínas

A ingestão de aminoácidos é um hábito comum entre aqueles que desejam aumentar a massa muscular. Porém, não existe evidência científica de que consumir proteínas em quantidades muito acima das recomendadas garanta músculos maiores. Uma alimentação equilibrada pode suprir os aminoácidos para a construção de massa magra.

Em excesso, os aminoácidos sobrecarregam o fígado e os rins de pessoas com predisposição ao mau funcionamento desses órgãos.

ANABOLIZANTES

Os anabolizantes, também chamados de "bombas", são drogas fabricadas para substituir a testosterona (hormônio masculino) produzida nos testículos. Elas são recomendadas somente para homens que não produzem quantidades suficientes desse hormônio ou para uso veterinário. A venda para qualquer outra finalidade é ilegal.

Apesar disso, muitas pessoas usam essas drogas para aumentar rapidamente a massa muscular (efeito anabólico) e reduzir a gordura corporal.

Em homens, o uso indevido de anabolizantes pode causar a redução da produção normal de testosterona, impotência, calvície e crescimento das mamas (ginecomastia).

Entre as mulheres, pode ocorrer o surgimento de barba, desenvolvimento de voz grossa, perda de cabelo e crescimento excessivo de pelos no corpo.

Além disso, o aparecimento de tumores no fígado, alteração do colesterol, hipertensão, ataque cardíaco, acne (espinhas), oleosidade do cabelo e aumento de agressividade não são resultados incomuns do uso abusivo dessas substâncias.

Carboidratos

Os carboidratos são fonte de energia para a contração muscular durante os treinos. Sua baixa ingestão por atletas leva à fadiga (cansaço).

Existem suplementos de carboidratos para serem consumidos antes, durante ou depois dos treinos. No entanto, o excesso de carboidratos acumula-se no corpo na forma de gordura, levando ao ganho de peso.

Composição corporal: quanta gordura há em nosso corpo?

Como vimos, o peso não nos indica a quantidade de gordura que temos no corpo, mas a soma de massas gorda e magra.

Para descobrir a quantidade de massa gorda e massa magra, os nutricionistas e os educadores físicos utilizam a fita métrica e o adipômetro.

Por meio das medidas das circunferências e das dobras de gordura (dobras cutâneas) de regiões como o braço, a cintura e as coxas, é possível estimar a massa gorda e a massa magra de uma pessoa e, dessa forma, constatar se há riscos à saúde relacionados ao excesso de gordura corporal.

Uma medida muito comum utilizada hoje em dia é a circunferência da cintura (ou circunferência abdominal). A circunferência da cintura aponta a quantidade de gordura acumulada nessa região e indica o risco de desenvolver diabetes, hipertensão e doenças cardiovasculares.

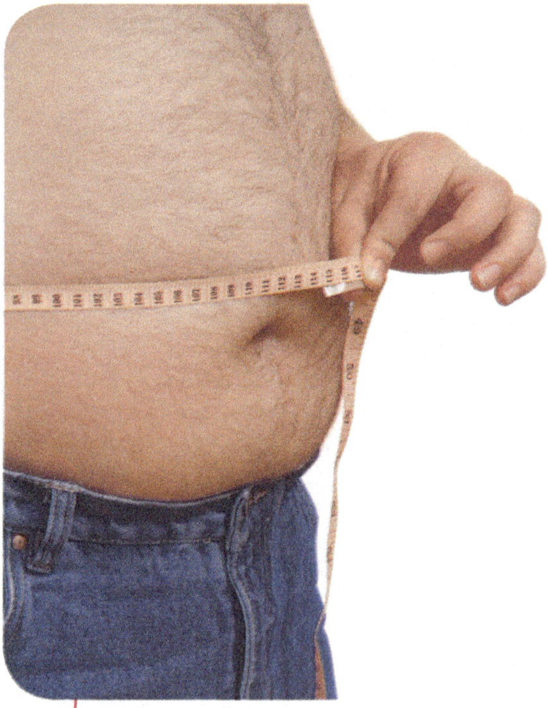

Jupiter Unlimited/Imageplus

O risco de desenvolver diabetes, hipertensão e doenças cardiovasculares pode ser detectado pela circunferência da cintura.

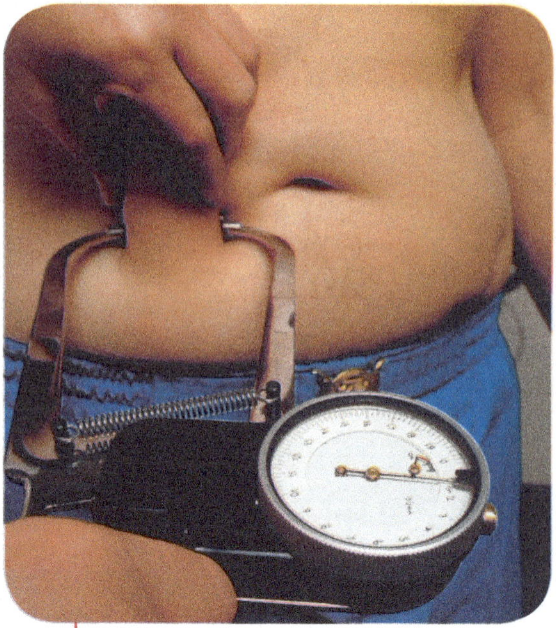

Science Faction/Other Images

O adipômetro é um aparelho usado para medir a camada de gordura que fica abaixo da pele.

CIRCUNFERÊNCIA ABDOMINAL (cm)*		CLASSIFICAÇÃO
HOMENS	MULHERES	
< 94	< 80	Normal
94 – 102	80 – 88	Risco moderado
> 102	> 88	Alto risco

* Valores de referência para adultos.

Respeite seu próprio corpo

É fundamental conhecermos o nosso corpo e convivermos bem com ele.

Juntos, a balança, a fita métrica e o adipômetro são capazes de nos dizer como está nossa saúde, e o que podemos fazer para mantê-la ou melhorá-la ainda mais, sempre respeitando nossos limites.

Os médicos, os nutricionistas e os educadores físicos são grandes aliados na busca por um corpo saudável e uma melhor qualidade de vida.

Lembre-se: a procura de fórmulas milagrosas pode lhe causar muitos prejuízos – além de gastar dinheiro com métodos possivelmente ineficazes, você pode colocar sua saúde em risco.

OBESIDADE

5

A obesidade está relacionada, em muitos casos, aos maus hábitos alimentares e ao sedentarismo.

A OBESIDADE HOJE É UMA PREOCUPAÇÃO GLOBAL. EM DIVERSOS PAÍSES, INCLUINDO O BRASIL, O NÚMERO DE OBESOS TEM AUMENTADO RAPIDAMENTE AO LONGO DOS ANOS.

Segundo o IBGE, o índice de sobrepeso e obesidade entre os brasileiros avançou muito nos últimos 34 anos. Um estudo de 2008-2009 indicou que o excesso de peso (sobrepeso e obesidade) já atinge cerca de metade dos adultos. Entre os homens, aumentou de 18,5% para 50,1%; nas mulheres, de 28,7% para 48%. São obesos 18,4% dos homens e 16,9% das mulheres.

BRASIL, OBESIDADE E ADOLESCÊNCIA

Segundo dados de 2008-2009 do IBGE, a situação dos adolescentes entre 10 e 19 anos também merece atenção. Essas porcentagens revelam que, nos últimos 34 anos, o excesso de peso aumentou seis vezes entre os meninos e triplicou entre as meninas.

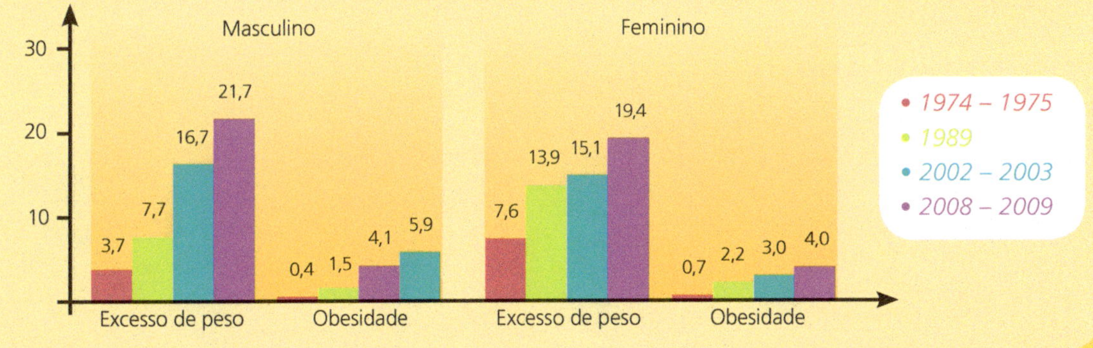

Fonte: IBGE, 2010.

Sobrepeso e obesidade no mundo

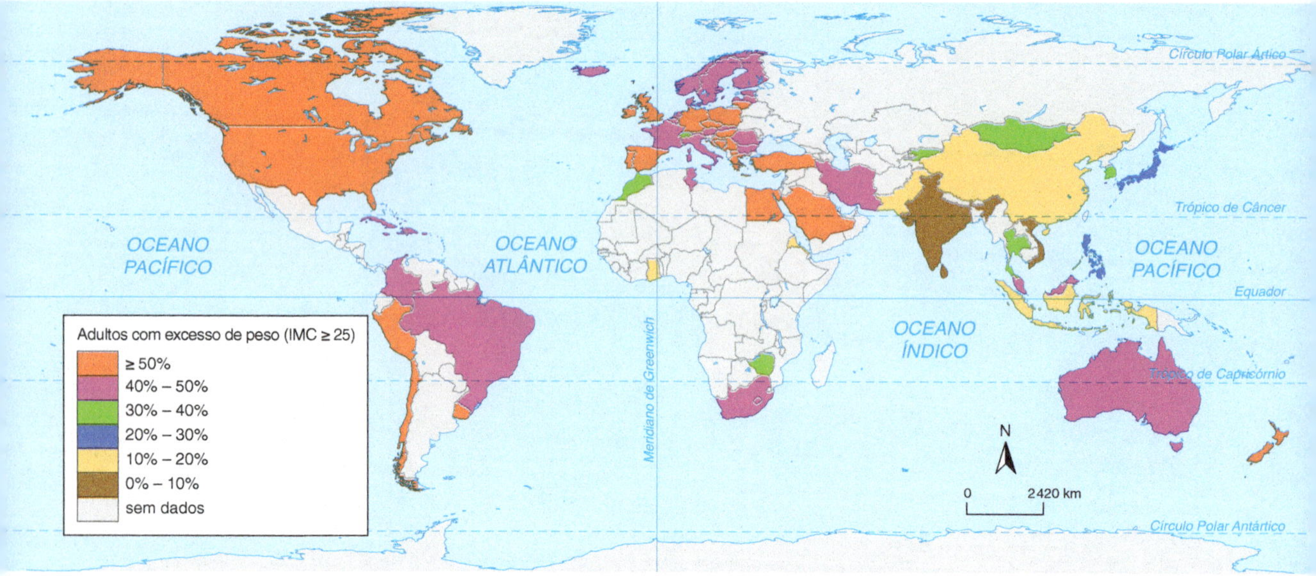

Fonte: OMS, 2010.

Obesidade: causas e consequências

O processo de ganho ou perda de peso e de massa gorda depende simplesmente de uma questão matemática, ou seja, a diferença entre o que ingerimos e o que gastamos.

Existem fórmulas que nos auxiliam a estimar nosso gasto energético diário. O total de energia que nosso corpo gasta por dia varia de acordo com o sexo, a faixa etária, o peso, a altura e a quantidade de atividade física realizada.

Para entender melhor como o gasto energético varia de acordo com esses parâmetros, veja as tabelas a seguir, que comparam jovens de 14 anos e 1,60 m de altura, porém com pesos e níveis de atividade física diferentes.

MENINAS ATIVAS

Marina	Sandra
Peso = 46 kg (normal)	Peso = 61 kg (sobrepeso)
Gasto energético 2.290 kcal	Gasto energético 2.490 kcal

MENINOS ATIVOS

João	Eduardo
Peso = 46 kg (normal)	Peso = 61 kg (sobrepeso)
Gasto energético 2.610 kcal	Gasto energético 3.120 kcal

Renata

Carlos

MENINAS COM PESO NORMAL (46 kg)	
Renata	**Juliana**
Sedentária	Ativa
Gasto energético 1.680 kcal	Gasto energético 2.290 kcal

MENINOS COM PESO NORMAL (46 kg)	
Carlos	**Pedro**
Sedentário	Ativo
Gasto energético 1.920 kcal	Gasto energético 2.610 kcal

Pedro

Juliana

Atualmente, não há dúvida de que a má alimentação e o sedentarismo são responsáveis pela maior parte dos casos de obesidade. Entretanto, ambos podem ser corrigidos com um pouco de orientação, disciplina e força de vontade.

Os riscos da obesidade

A obesidade aumenta o risco de inúmeras doenças, como apneia do sono, problemas nas articulações, pedras na vesícula biliar e alguns tipos de câncer.

Além disso, quanto maior for a circunferência da cintura (e, portanto, a quantidade de gordura na região abdominal), maior o risco de desenvolver diabetes, hipertensão, dislipidemias (níveis elevados ou anormais das gorduras do sangue – colesterol e triglicérides) e doenças cardiovasculares (infarto e derrame).

Segundo o Instituto Brasileiro de Geografia e Estatística (IBGE), as doenças cardiovasculares são a principal causa de morte no Brasil.

> **IBGE**
> Seu site apresenta os principais indicadores da população e da economia brasileiras.
> www.ibge.gov.br
> Acesso em: 24 set. 2010.

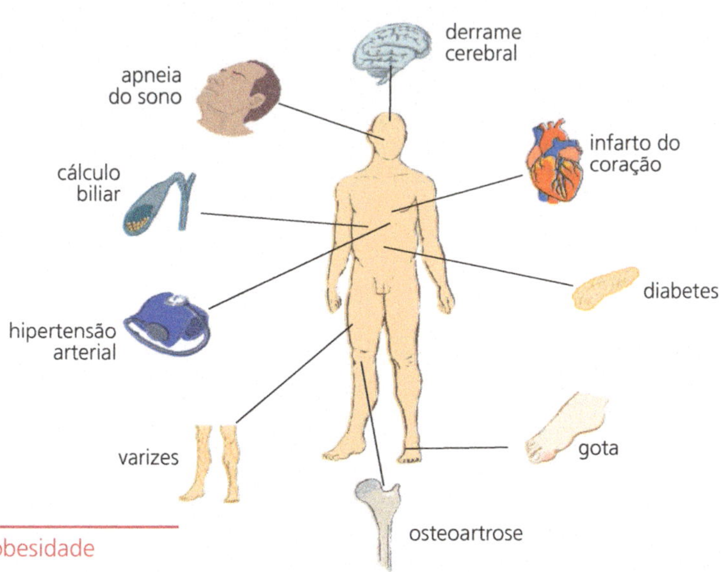

Doenças ligadas à obesidade

OBESIDADE E SÍNDROME METABÓLICA

A síndrome metabólica diz respeito a um conjunto de alterações que aumentam o risco de doenças cardiovasculares:

- Circunferência abdominal maior que 102 cm para homens e 88 cm para mulheres.
- Aumento dos triglicérides sanguíneos.
- Diminuição do HDL (High-Density Lipoprotein), o colesterol bom.
- Aumento da pressão arterial (maior que 130/85 mmHg, ou 13/8,5).
- Taxa elevada de glicose no sangue (hiperglicemia).

A alimentação inadequada, o sedentarismo e a predisposição genética são os principais responsáveis pelo aparecimento da síndrome metabólica.

HDL

O HDL é a parte do colesterol sanguíneo relacionado à redução do risco de doenças cardiovasculares. Para entender melhor, leia esta matéria:
http://veja.abril.com.br/saude/aumento-do-nivel-de-colesterol-bom-diminui-risco-de-infarto-e-derrame-em-pacientes-com-diabetes
Acesso em: 6 abr. 2017.

O que fazer para mudar esse quadro?

Existem diferentes estratégias para o tratamento da obesidade, dependendo de sua causa:

- Modificação dos hábitos alimentares.
- Atividade física.
- Medicamentos (principalmente para obesos graves e nos casos de alterações psicológicas e hormonais).
- Cirurgia bariátrica. Essa cirurgia leva à perda de peso por meio da diminuição do tamanho do estômago e do desvio do trânsito intestinal, resultando em redução da ingestão de alimentos e da absorção intestinal dos nutrientes.

Em muitos casos, apenas as modificações alimentares (I) e a prática de atividade física (II) são suficientes para levar à perda de peso.

(I) As modificações alimentares devem ser

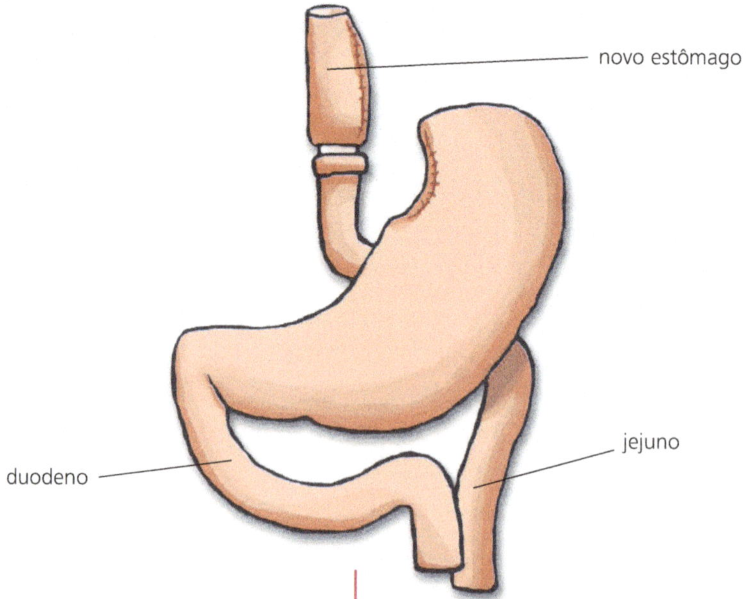

Técnica de redução de estômago (derivação gástrica em Y-de-Roux).

indicadas por um nutricionista. Assim, será elaborado um plano alimentar capaz de proporcionar uma perda de peso lenta e gradual.

Esse plano alimentar é individualizado, ou seja, ele deve considerar os hábitos alimentares da pessoa e orientá-la sobre os tipos e quantidades de alimentos que devem ser consumidos para suprir suas necessidades calóricas e de nutrientes. Normalmente, nenhum alimento é proibido, mas os mais calóricos têm suas quantidades controladas.

(II) O aumento do nível de atividade física é essencial para o processo de perda de peso e também auxilia na manutenção do peso após o emagrecimento.

Caminhadas, corrida, natação, aulas de Educação Física na escola, dança e lutas são exemplos de atividades que podem ser praticadas regularmente, sempre com a orientação de um profissional da área de Educação Física.

Recomenda-se pelo menos trinta minutos de atividade física, de nível leve a moderado, na maioria dos dias da semana.

Além disso, pequenas alterações dos hábitos cotidianos, como subir mais escadas (em vez de utilizar o elevador ou escada rolante) ou usar menos o carro como transporte, podem ajudar bastante na perda de peso.

Jupiter Unlimited/Imageplus

Além de saudável, a atividade física pode ser também divertida.

DDB Stockholm/KJ Vogelius

No metrô de Estocolmo, na Suécia, uma escada foi transformada em piano, emitindo sons à medida que as pessoas pisam nos degraus. Com a novidade, o uso das escadas aumentou 66%.
Assista ao vídeo em: <https://www.youtube.com/watch?v=EoB6F6Q0CGU>.
Acesso em: 6 abr. 2017.

Em conjunto, alimentação balanceada e atividade física, além de promoverem a perda de peso, ajudam a reduzir os riscos à saúde causados pela obesidade, garantindo uma melhor qualidade de vida.

Durante o tratamento, é importante que haja acompanhamento médico e também de outros profissionais, como o psicólogo, o fisioterapeuta, entre outros, de acordo com a causa e a gravidade do excesso de peso.

Você sabia?

Por que engordamos?

Quando ingerimos mais calorias que gastamos, ganhamos peso. Isso pode acontecer devido aos seguintes fatores:

- Má alimentação
- Sedentarismo
- Fatores genéticos
- Fatores psicológicos
- Uso de certos medicamentos
- Alterações hormonais

Edson Grandisoli

Parte dos metrôs do Brasil já apresenta cadeiras maiores para obesos, como esta azul, da estação Sumaré, na cidade de São Paulo.

Dietas da moda

A perda de peso deve ser sempre lenta e gradual. Apesar disso, revistas, programas de televisão e páginas da internet prometem emagrecimento rápido e sem esforço por meio de dietas quase milagrosas.

Será mesmo que existe alguma fórmula mágica que pode acabar com o excesso de peso rapidamente, sem trazer prejuízos à saúde?

Essas dietas realmente levam a um emagrecimento rápido no início. No entanto, quando isso acontece, o corpo perde gordura, mas também muita massa muscular, o que diminui o gasto energético e torna cada vez mais difícil emagrecer.

Além disso, como as dietas são repetitivas e têm pouca semelhança com nossos hábitos alimentares, logo são abandonadas.

Sem reeducação alimentar, as pessoas voltam a consumir os alimentos habituais e ganham peso rapidamente, às vezes chegando a pesar mais do que antes de iniciar a dieta, caracterizando o chamado "efeito sanfona". Veja o quadro da página 43.

Respeito e bom senso: caminhos para uma vida saudável

A "epidemia de obesidade" tem alterado o modo como a sociedade encara esse problema. Muitas cidades no Brasil e no mundo já possuem assentos especiais para obesos nos metrôs, trens, cinemas e teatros.

Esse é um passo importante, pois todas as pessoas, independentemente do peso ou da forma física, merecem respeito e devem ter direito a uma vida normal.

Muitos obesos já estão buscando ajuda profissional para emagrecer e melhorar sua qualidade de vida.

Entretanto, milhões de pessoas que precisam de auxílio para emagrecer ainda não possuem orientação suficiente ou condições necessárias para dar esse importante passo.

Acima de tudo, é fundamental que todos, obesos ou não, compreendam que a busca por uma alimentação mais balanceada e a prática de atividades físicas são os pontos-chave para uma vida mais saudável, plena e feliz.

Jupiter Unlimited/Imageplus

O nutricionista deve indicar uma dieta saudável que respeite os hábitos alimentares do paciente.

Existem muitas dietas da moda. Veja alguns exemplos, seus riscos e desvantagens.

DIETA	CARACTERÍSTICAS	RISCOS E DESVANTAGENS
Dieta da proteína (Atkins, South Beach)  Fernando Favoretto/ Criar Imagem	Exclui os carboidratos e permite o livre consumo de proteínas e gorduras. No caso da South Beach, são permitidas quantidades crescentes de carboidratos após as primeiras semanas.	O excesso de gorduras pode levar ao aumento de colesterol e de triglicérides no sangue. Já o excesso de proteínas pode prejudicar os rins. A falta de carboidratos faz o organismo produzir e acumular corpos cetônicos, substâncias que em excesso podem levar ao coma. Pode ocorrer deficiência de vitaminas e minerais devido à baixa ingestão de frutas, verduras e legumes. A ausência de fibras pode levar à constipação.
Dietas à base de *shakes*  Jupiter Unlimited/ Imageplus	Substituem algumas das refeições por *shakes*.	A monotonia, devido à ingestão dos *shakes* várias vezes ao dia, leva ao abandono da dieta após alguns dias.
Dietas à base de frutas (Dieta de Beverly Hills, Dieta do Abacaxi, Dieta das Frutas)  Jupiter Unlimited/ Imageplus	Indicam apenas a ingestão de frutas, pelo menos nos primeiros dias. Consideram que as enzimas contidas nas frutas aceleram e auxiliam a queima das gorduras.	Essa é uma ideia sem nenhuma fundamentação científica. A dieta é pobre em proteínas, vitamina B12 e alguns minerais, como ferro, cálcio e zinco, podendo levar a uma série de deficiências nutricionais.
Dieta da sopa  Jupiter Unlimited/ Imageplus	Dieta de uma semana em que uma sopa à base de vegetais pode ser consumida à vontade. Ao longo da semana, podem ser consumidas também frutas e hortaliças. Carnes e arroz aparecem somente nos últimos dias.	É uma dieta pobre em proteínas, vitamina B12 e alguns minerais, podendo causar deficiências nutricionais. O baixo consumo de carboidratos pode levar à indisposição e à fadiga.

OS TRANSTORNOS ALIMENTARES

6

TPG/AGB

A comida pode ser vista como inimiga para alguns.

PARA A GRANDE MAIORIA DAS PESSOAS, COMER É UM PRAZER. MAS ALGUMAS DESENVOLVEM UMA RELAÇÃO DE ÓDIO E REPULSA COM COMIDA, O QUE PREJUDICA NÃO SOMENTE SUA VIDA SOCIAL, MAS TAMBÉM SUA SAÚDE.

Reuniões na casa de amigos, festas de aniversário, confraternizações de fim de ano, comemorações, despedidas etc. Enfim, praticamente todos os bons momentos entre amigos e familiares vêm acompanhados de diversos tipos de comida e bebida.

O papel que a alimentação assume é fundamental, pois une as pessoas, reforçando ou criando laços familiares, sociais e culturais.

No entanto, alguns indivíduos acabam desenvolvendo uma relação pouco saudável com os alimentos. Existem aqueles que comem compulsivamente e depois se arrependem. Outros, em busca de um corpo magro ao extremo, simplesmente deixam de comer.

Independentemente do tipo de transtorno alimentar, a vida social e a saúde sempre acabam sendo prejudicadas.

Transtornos alimentares: características

Os transtornos alimentares são doenças psiquiátricas que levam a alterações drásticas do comportamento com relação à alimentação.

Os tipos mais conhecidos de transtornos alimentares são a anorexia nervosa e a bulimia nervosa.

Normalmente, uma pessoa com algum desses transtornos alimentares tem como preocupação central a sua alimentação. Entretanto, por trás disso, se esconde um desejo incontrolável de emagrecer.

Vários são os fatores que podem levar ao surgimento dos transtornos alimentares, entre eles, problemas familiares, psicológicos, socioculturais ou genéticos.

Anorexia nervosa

A palavra anorexia vem do grego *an* (ausência de) e *órexis* (apetite), significando "falta de apetite". Esse termo, na verdade, não é o mais correto, pois a fome existe, pelo menos nas fases iniciais da doença. Apesar disso, as pessoas anoréxicas negam sua fome com firmeza a fim de perder peso.

Oscar Burriel/SPL/LatinStock

A anorexia nervosa modifica a autopercepção do corpo.

Os indivíduos com anorexia nervosa diminuem drasticamente a quantidade de alimentos que consomem, chegando a passar longos períodos em jejum. Além disso, podem também fazer uso de medicamentos como laxantes e diuréticos, praticar exercícios em excesso e induzir vômitos.

Esse distúrbio causa consequências graves na saúde. A SUBNUTRIÇÃO provocada pela baixa ingestão de alimentos pode levar a alterações na pele, perda de cabelos, anemia, problemas no sistema imunológico, constipação, infertilidade, alterações do sono, diminuição da temperatura corporal, dos batimentos cardíacos e da pressão arterial.

Quando a desnutrição acontece durante a fase de crescimento, causa o atraso do desenvolvimento físico e sexual e a baixa estatura. Se não tratada, pode levar à morte.

SUBNUTRIÇÃO

O site Psiquiatria na Prática Médica, do Departamento de Psiquiatria da Universidade Federal de São Paulo (Unifesp), apresenta os aspectos clínicos e nutricionais dos transtornos alimentares.

http://www2.unifesp.br/dpsiq/polbr/ppm/atu1_06.htm

Acesso em: 23 mar. 2015.

CARACTERÍSTICAS DA ANOREXIA NERVOSA

- Perda de peso (ou falta de ganho de peso, em crianças) e manutenção do peso pelo menos 15% abaixo do ideal.
- Medo intenso de ganhar peso, mesmo estando abaixo do peso.
- Distorção da imagem corporal, acreditando que o peso, o tamanho e a forma do corpo estão exagerados, mesmo quando há magreza excessiva.
- Negação de que a gravidade de seu baixo peso é motivo para preocupação.
- Influência excessiva do peso e da imagem corporal na autoavaliação.
- Em meninas adolescentes e mulheres, ausência de menstruação em pelo menos três ciclos menstruais consecutivos.

Bulimia nervosa

A palavra bulimia advém do grego, derivada do termo *boul* (boi) ou *bou* (grande quantidade) e *limós* (fome), significando "fome muito grande", suficiente para devorar um boi.

A bulimia é mais comum que a anorexia, e, na maioria dos casos, atinge mulheres, normalmente adolescentes e adultas jovens. Como na anorexia, na bulimia também há o medo excessivo de ganhar peso.

Ao contrário da anorexia, a bulimia não é visivelmente perceptível em uma pessoa. Isso porque pessoas bulímicas podem ter o peso normal ou até mesmo um pouco acima do normal. Os sinais desse distúrbio normalmente são sutis, e somente especialistas no assunto conseguem detectá-los. Entre os sintomas estão o inchaço das glândulas salivares, chamadas parótidas; o desgaste dos dentes causado pelo seu contato frequente com o ácido gástrico durante os episódios de vômito; e a lesão no dorso da mão causada por sua introdução na boca para forçar o vômito, o chamado sinal de Russell.

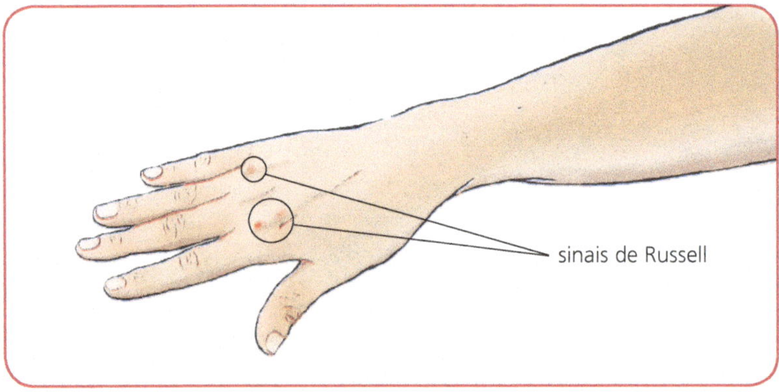

Ferimentos causados ao introduzir a mão na boca para induzir o vômito.

Características da bulimia

- Episódios regulares de ingestão alimentar compulsiva, chamados episódios bulímicos. Neles, uma pessoa consome, em um pequeno intervalo de tempo (normalmente em menos de duas horas), quantidades de comida muito maiores do que uma pessoa sem o distúrbio poderia consumir no mesmo período.
- Sensação de falta de controle durante os episódios bulímicos. Surge um sentimento de que é impossível parar de comer ou controlar o que e quanto está comendo.
- Uso de métodos inapropriados para evitar o ganho de peso, como indução de vômito, prática de atividade física excessiva, prática de jejum, uso de diuréticos, laxantes e drogas inibidoras do apetite.
- Influência excessiva do peso e da imagem corporal na autoavaliação.

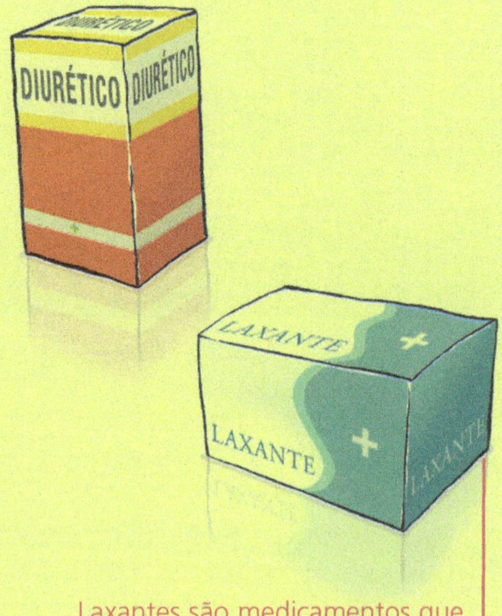

Laxantes são medicamentos que estimulam a eliminação de fezes. Diuréticos são medicamentos que agem nos rins, aumentando a eliminação de urina.

Centro de tratamento

Conheça o Ambulim, centro especializado em transtornos alimentares do Hospital das Clínicas de São Paulo. Disponível em: <www.ambulim.org.br>. Acesso em: 7 maio 2014.

ANOREXIA E RELIGIÃO

A adolescente italiana Catarina Benincasa, filha de um artesão da Toscana, não conseguia mais comer. Muito magra e extremamente pálida, ingeria um pedaço de pão com ervas cruas por dia. Às vezes, o estômago não suportava nem esse pouco, e ela vomitava.

Catarina não era obcecada por um corpo esbelto. Longe disso. Mais tarde, ficou conhecida como Santa Catarina de Sena (1347-1380) e virou uma das jejuadoras mais ilustres da história.

Por toda a Idade Média, centenas de moças como Catarina deixaram de comer para sofrer da mesma forma que Jesus Cristo. É o caso, por exemplo, de mulheres como Santa Clara de Assis (1193-1253) e Santa Rosa de Lima (1586-1617), esta última peruana. Elas acreditavam que só assim poderiam entrar em comunhão com Deus.

Hoje, historiadores denominam esse tipo de comportamento de "anorexia santa", que tem sintomas parecidos com os da moderna anorexia nervosa.

Dos conventos, o jejum migrou para as feiras populares. No século XVII, várias moças que, garantia-se, passavam semanas sem comer se apresentavam nas feiras. Eram as "virgens jejuadoras". Uma delas, a inglesa Martha Taylor, de 19 anos, dizia ter jejuado por 13 meses. No século XIX, outra virgem, Sara Jacobs, teve um fim trágico. Aos 10 anos, foi posta pelos pais como atração de circo nos Estados Unidos, mas acabou morrendo aos 12 por inanição. Os pais de Sara, considerados culpados por negligência, foram condenados a trabalhos forçados.

Adaptado de: <http://guiadoestudante.abril.com.br/aventuras-historia/anorexia-magreza-ja-foi-santa-435103.shtml>. Acesso em: 23 mar. 2015.

A R W/Interfoto/Imageplus

Santa Catarina de Sena deixou de comer para sofrer como Cristo.

Por que os casos de transtornos vêm aumentando?

Há registros de transtornos alimentares há muito tempo. Apesar disso, o número de casos de anorexia e bulimia tem aumentado nos últimos anos, tanto em homens como em mulheres, em todas as faixas etárias. Por que isso está acontecendo?

Vivemos hoje em uma sociedade que cultua a magreza. Todos os dias, revistas, jornais e televisão mostram imagens de pessoas magras que representam sucesso, competência e beleza.

Cada vez mais pessoas buscam esse corpo ideal por meio de dietas e cirurgias plásticas, numa tentativa de atingir uma forma física que, na maioria das vezes, é inatingível.

Entre os profissionais da saúde que estão habilitados a diagnosticar e tratar os transtornos alimentares estão os psicólogos. Veja a seguir uma entrevista com o psicólogo Marco Antonio de Tommaso, formado pela Universidade de São Paulo e membro da Associação Brasileira para o Estudo da Obesidade e da Síndrome Metabólica (Abeso). A entrevista foi concedida especialmente para o *Nutrição e saúde*.

TRANSTORNOS ALIMENTARES: ENTREVISTA COM O DR. MARCO ANTONIO DE TOMMASO

O que pode desencadear o surgimento de um distúrbio alimentar?

Marco Antonio de Tommaso: Normalmente as causas são variadas e multifatoriais, mas o ponto central é a busca indiscriminada pelo corpo ideal, ou seja, por um modelo distorcido de beleza imposto atualmente.

Estudos americanos demonstraram que, de 1970 em diante, todas as misses têm Índice de Massa Corporal abaixo de 18,5 kg/m^2. As modelos hoje pesam 23% a menos do que pesam as meninas de mesma idade e altura. A busca por esse modelo causa frustração e desencadeia a maior parte dos casos de transtornos alimentares.

Existe alguma relação entre o surgimento dos transtornos alimentares e o nível socioeconômico?

MAT: Achava-se que sim. Hoje sabe-se que os casos surgem em todas as classes sociais e em pessoas com todos os níveis de escolaridade.

Quais os sinais ou indicadores de que uma pessoa pode estar sofrendo de um transtorno alimentar?

MAT: Emagrecimento rápido e severo, uso de roupas muito largas (no caso das anoréxicas), prática excessiva de esportes, assuntos que sempre giram em torno de calorias e corpo etc. No caso da bulimia, a situação é mais complicada, pois a pessoa não emagrece. A maior parte dos bulímicos só procura ajuda de cinco a oito anos após o início do transtorno, quando sua saúde já está bastante comprometida.

Como é o tratamento para pessoas que sofrem desses tipos de transtorno?

MAT: Os transtornos alimentares são considerados distúrbios mentais, e o tratamento deve ser multidisciplinar, contando com a participação de médicos, psicólogos e nutricionistas especializados.

Como fazer para ajudar um parente ou um amigo que esteja com algum transtorno alimentar?

MAT: O melhor a fazer é conversar com a família e sugerir a busca de ajuda profissional. A prevenção é fundamental – especialmente por meio de campanhas educativas –, pois o tratamento dos transtornos é muito difícil e tem baixo nível de sucesso.

Como na maioria das doenças, quanto mais cedo ocorrer o diagnóstico e mais rapidamente for iniciado o tratamento, melhor.

Afinal, é possível se considerar incluído socialmente e ser feliz, mesmo estando fora dos modelos de beleza e estética impostos atualmente?

MAT: Não se deve considerar que existe um padrão quando se fala de beleza. A beleza é individual. Cada um deve buscar a sua própria identidade estética. Ser único e diferente é o mais importante.

Luciana Aith/Arquivo do Dr. Marco Antonio de Tommaso

Marco Antonio de Tommaso, psicólogo e psicoterapeuta, especialista em transtornos alimentares.

FOLHA DA CIÊNCIA

Unifesp: jovem que frequenta academia usa suplemento sem controle

Jupiter Unlimited/Imageplus

São Paulo – Pesquisa realizada pela Universidade Federal de São Paulo (Unifesp) mostrou que 62% dos frequentadores de academias na capital paulista entre 15 e 25 anos consomem algum tipo de suplemento alimentar – substâncias desenvolvidas e indicadas para atletas que precisam repor nutrientes gastos em treinamentos intensos, como proteína, aminoácido e gel de carboidrato. Mais de 80% deles compram e ingerem os produtos sem recomendação médica ou nutricional.

Os dados, obtidos com base em entrevistas com 201 jovens de redes de academias de São Paulo, mostram erros e exageros de todos os tipos no consumo dessas substâncias, que provocam danos à saúde se ingeridas sem necessidade, em doses erradas e por um prazo muito longo – praticamente o que é feito por grande parte dos usuários pesquisados. Para agravar o quadro, o levantamento indica que quanto mais jovem, maior é o uso de substâncias desse tipo. [...]

Segundo a nutricionista Márcia Daskal, autora da pesquisa, o jovem que malha quatro vezes por semana, de uma a duas horas, em mais de 90% dos casos não precisa tomar suplemento. Os diversos tipos de suplemento existentes no mercado, parte deles nacional, muitos importados e outros sem registro, são indicados para atletas profissionais que têm uma rotina de sete a nove horas de treino diário. No caso deles, que chegam a gastar mais de 5 mil calorias de uma só vez, a reposição por meio de suplementos auxilia a manter o desempenho no esporte de maneira equilibrada. É o caso de maratonistas, nadadores e corredores.

Adaptado de: IWASSO, Simone. Unifesp: jovem que frequenta academia usa suplemento sem controle. Veja.com. Publicado em 27 abr. 2009. Disponível em: <http://veja.abril.com.br/agencias/ae/ciencia-saude/detail/2009-04-27-371205.shtml>. Acesso em: 27 set. 2010.

Um transtorno para dois gêneros

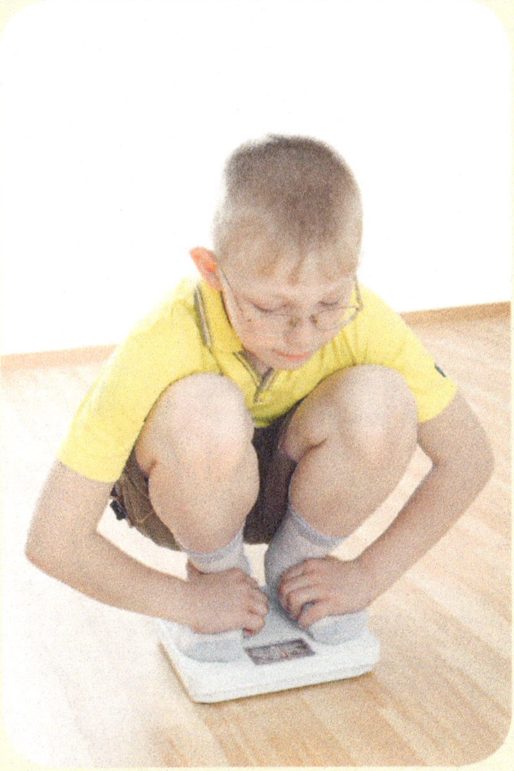

Jupiter Unlimited/Imageplus

Anorexia e bulimia também atacam meninos

"Estou acima do peso e quero emagrecer." Muitas mulheres podem se reconhecer ao ler essa frase, geralmente quando estão à procura do corpo que julgam perfeito, com índices de gordura bem abaixo do padrão considerado saudável pela medicina. No entanto, especialistas alertam que o fascínio pelo peso ideal é um problema grave também entre os homens.

"O número de pacientes do sexo masculino vítimas de transtornos alimentares, como bulimia e anorexia nervosas, vem crescendo a cada ano", afirma Raphael Cangeli Filho, coordenador de psicologia do grupo de homens do Ambulatório de Bulimia e Transtornos Alimentares (Ambulim) do Hospital das Clínicas da Universidade de São Paulo.

A afirmação do especialista se baseia na experiência clínica, uma vez que não há números globais de incidência. O Ambulim iniciou um atendimento específico a homens em 2006, recebendo 30 pacientes. Desde então, 104 já passaram por ali, e agora os homens já são um em cada cinco atendidos.

Diferenças – "Bulimia e anorexia são transtornos alimentares, classificados como doenças mentais", explica a psiquiatra Angélica de Medeiros, coordenadora do Programa de Transtornos Alimentares (Proata) da Universidade Federal de São Paulo (Unifesp). Homens e mulheres sofrem com os problemas, mas de maneiras diferentes. A "distorção corporal" – pela qual a pessoa se enxerga mais gorda do que de fato é –, por exemplo, é mais amena entre os homens anoréxicos, que não se percebem tão diferentes do que realmente são. As mulheres não aceitam o corpo, por mais magras que estejam, mas são menos resistentes ao tratamento.

"Eles costumam procurar tratamento quando já estão em condições de internação", diz Cangeli. O psicólogo diz ainda que os homens são mais eficientes para esconder os sintomas, pois ganham massa corporal com facilidade ao praticar exercícios físicos.

Adaptado de: DIAS, Marina. Um transtorno para dois gêneros. Veja.com. Disponível em: <http://veja.abril.com.br/especiais_online/anorexia-bulimia/disturbios.shtml>. Acesso em: 27 set. 2010.

Alimentos práticos são mais valorizados que os saudáveis

Pesquisa do Ibope mostra que, para 34% dos brasileiros, a questão prática vem antes de qualquer outra na hora de escolher alimentos no supermercado.

Depois dessa fatia que prioriza a conveniência e vê nos congelados e semiprontos seus aliados, os grupos mais significativos são os dos consumidores que colocam o prazer de comer acima de tudo e o dos que compram comida com base nas marcas de confiança – ambos com 23% das preferências. Os alimentos saudáveis e sustentáveis ficaram em quarto lugar, sendo preferidos por apenas 21% dos pesquisados.

A sondagem, encomendada pela Federação das Indústrias do Estado de São Paulo (Fiesp), buscou mapear as principais tendências no consumo de alimentos industrializados no país. Foram entrevistadas 1.512 pessoas em nove capitais. Os consumidores

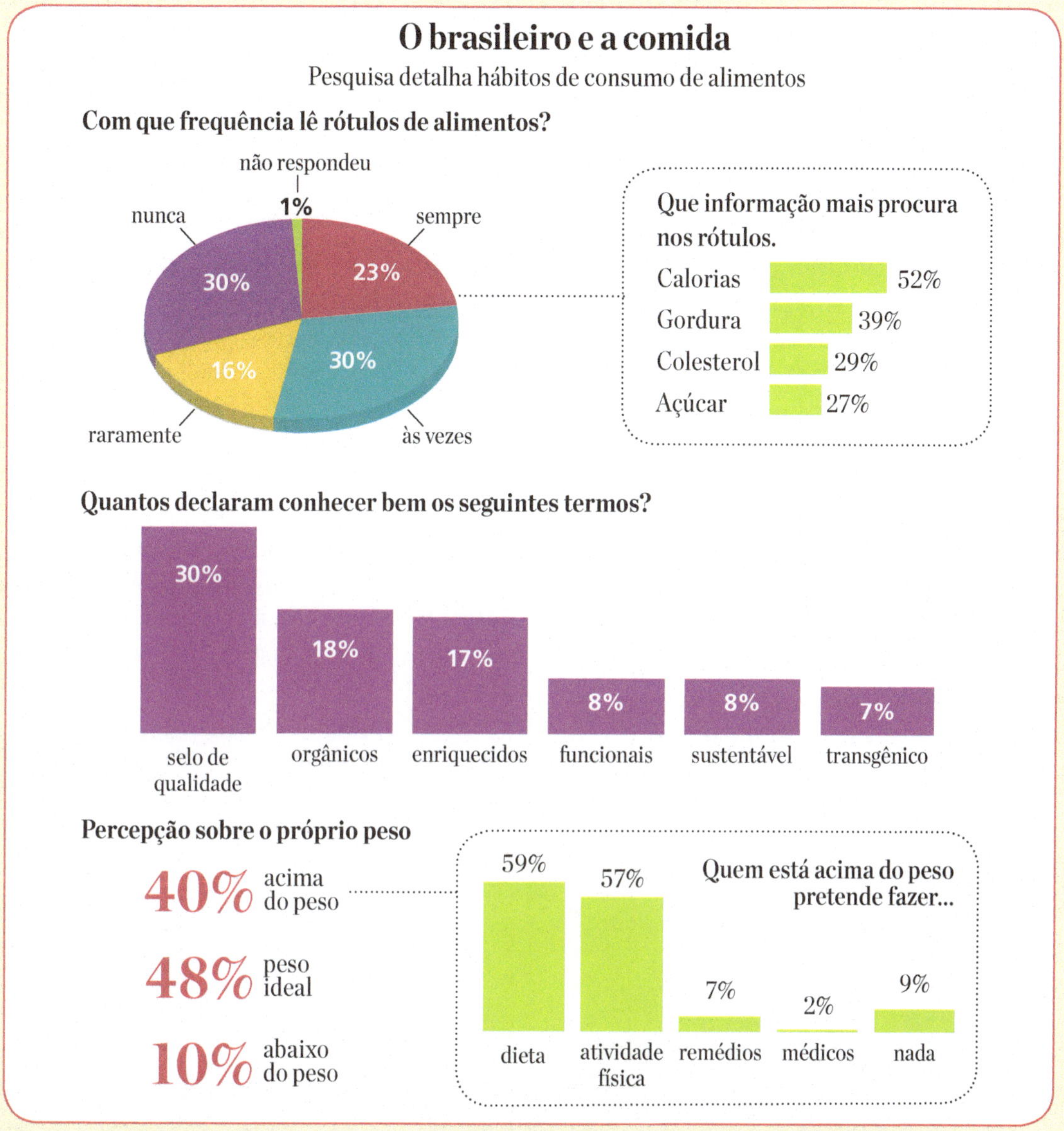

Fonte: Ibope/Fiesp.

que priorizam alimentos saudáveis dizem procurar selos de qualidade, informações sobre a origem do produto e fabricantes que protegem o ambiente.

Segundo Antonio Carlos Costa, gerente do departamento de agronegócio da Fiesp, o mesmo consumidor que procura comida saudável se preocupa com sustentabilidade. "É uma pessoa com visão mais ampla. Pratica esporte, é mais preocupada com projetos sociais."

O rótulo dos alimentos é lido por 69% dos consumidores, ao menos de vez em quando, enquanto 30% nunca leem. Entre os que procuram as informações, 52% querem saber quantas calorias há na comida. A gordura é foco de atenção de 39%. A preocupação se explica: 40% dos entrevistados acreditam estar acima do peso, e 59% deles pretendem fazer uma dieta ou reeducação alimentar para perder os quilos a mais.

Adaptado de: MISMETTI, Débora. Alimentos práticos são mais valorizados que os saudáveis. Folha Online. Caderno Equilíbrio e Saúde. Publicado em 19 maio 2010. Disponível em: <http://www1.folha.uol.com.br/fsp/saude/sd1905201003.htm>. Acesso em: 23 mar. 2015.

Jovem come mal, vê muita TV e não gosta do corpo

Com 13 anos, Stephanie do Amaral assiste a pelo menos três horas de TV todos os dias, enquanto divide com a irmã Natália, 8, um pacote de biscoito e uma caixa de chocolates.

Ela odeia frutas e só faz exercícios na aula de Educação Física. Mas, apesar de ser comilona, ela se acha muito magra: pesa só 42 quilos, com 1,70 m.

A adolescente é um retrato do que revela a Pesquisa Nacional de Saúde do Escolar, do IBGE. Jovens com idade entre 13 e 15 anos são sedentários, alimentam-se mal e estão insatisfeitos com o corpo.

Quase 57% dos jovens fazem menos exercícios do que o ideal. As meninas são ainda mais inativas: quase sete em cada dez fazem menos de 150 minutos de exercício por semana, considerado o deslocamento à escola, a pé ou de bicicleta, e a aula de Educação Física.

Os jovens preferem a TV: oito em cada dez passam duas ou mais horas por dia na frente do aparelho, tempo maior que o recomendado pela Organização Mundial da Saúde de, no máximo, duas horas.

O sedentarismo se associa aos maus hábitos alimentares. Metade dos adolescentes comeu guloseimas (batata frita, salgado, bala, biscoito) em cinco dos sete dias da semana anterior à pesquisa, enquanto só 37% consumiram frutas.

Para Kátia Terumi Rodrigues, nutricionista do Complexo Hospitalar Edmundo Vasconcelos, esses dados explicam por que o nível de obesidade infantil vem aumentando em todo o mundo. "Guloseimas contêm muito sódio, o que pode levar à elevação da pressão arterial e problemas cardíacos."

Os dados mostram ainda que grande parte dos jovens é insatisfeita com o próprio corpo, o que pode prejudicar o desenvolvimento do adolescente, diz o instituto. Quase dois terços (63%) fazem algo para perder, ganhar ou manter o peso.

Entre as meninas, uma em cada três fazia algo para perder peso – dessas, 7% relataram ter vomitado ou ingerido medicamentos para emagrecer. As alunas de escola pública (10%) recorreram mais à prática do que as de escola privada (6%).

Jupiter Unlimited/Imageplus

BEDINELLI, Talita & LIMA, Samantha. Jovem come mal, vê muita TV e não gosta do corpo. *Folha de S.Paulo*. Caderno Cotidiano. Publicado em 19 dez. 2009.

Adolescentes que se acham gordas estão dentro do peso, aponta pesquisa

Jupiter Unlimited/Imageplus

Mais de três a cada dez meninas (35,8%) do 9º ano do Ensino Fundamental que se acham gordinhas estão dentro do peso adequado. É o que revela a Pesquisa Nacional de Saúde do Escolar (Pense), do Instituto Brasileiro de Geografia e Estatística (IBGE), realizada em 2009.

O levantamento feito com 60 mil alunos mostra que as estudantes estão mais preocupadas com as medidas que os rapazes. Dos garotos que se acham gordos, 21,5% estavam dentro das medidas adequadas para a idade e a altura.

A pesquisa também revela que entre as crianças que fizeram alguma coisa para reduzir as medidas, 51,5% das meninas estão dentro do estado nutricional normal, assim como 29,8% dos meninos.

A psicóloga Rachel Moreno alerta que a mídia e os pais são responsáveis por impor um padrão de beleza às meninas, que tentam atingi-lo a todo custo, o que pode dar origem a uma série de distúrbios, como a anorexia e a bulimia.

"Há a difusão desse modelo em que as mulheres estão cada vez mais magras, loiras, brancas e de cabelo liso. As meninas são bombardeadas com essas imagens o tempo todo e isso influencia no que elas querem ser", afirma Moreno, autora do livro *Beleza impossível*.

Do lado dos estudantes que nada fizeram para ganhar ou perder medidas, 14,4% dos meninos estavam gordinhos e 12%, gordinhas.

"Esta percepção da imagem corporal que o adolescente tem de si mesmo, em muitos casos, é permeada de distorções e insatisfações. Isso pode ser um fator de risco à saúde em virtude das atitudes tomadas em relação ao corpo, à alimentação e à atividade física", alerta o texto.

Um extrato da Pesquisa de Orçamentos Familiares 2008-2009 constatou que 8,3% das mulheres entre 20 e 24 anos estão desnutridas no país, enquanto 48% têm excesso de peso.

"O problema do Brasil é uma combinação de obesidade precoce – afinal de contas, as crianças ficam na frente da televisão comendo alimentos altamente calóricos, como biscoitos – e a imposição de um modelo que acentua a magreza. São dois extremos", destacou a psicóloga.

VIEIRA, Isabela. Adolescentes que se acham gordas estão dentro do peso, aponta pesquisa. Agência Brasil. Publicado em 27 ago. 2010. Disponível em: <http://memoria.ebc.com.br/agenciabrasil/noticia/2010-08-27/adolescentes-que-se-acham-gordas-estao--dentro-do-peso-aponta-pesquisa>. Acesso em: 7 maio 2014.

LINKS INTERESSANTES

Abeso – Associação Brasileira para o Estudo da Obesidade e da Síndrome Metabólica
http://www.abeso.org.br

Acelbra – Associação dos Celíacos do Brasil
http://www.acelbra.org.br

Ambulim – Ambulatório de Bulimia e Transtornos Alimentares do Hospital das Clínicas da USP
http://www.ambulim.org.br

Anvisa – Agência Nacional de Vigilância Sanitária
http://portal.anvisa.gov.br

Asbran – Associação Brasileira de Nutrição
http://www.asbran.org.br

Blog Se Dê Conta (Semana de Conscientização sobre Transtornos Alimentares)
http://sedeconta.blogspot.com

Educação nutricional nos Parâmetros Curriculares Nacionais
http://www.scielo.br/pdf/rn/v18n5/a09v18n5.pdf

Genta – Grupo Especializado em Nutrição e Transtornos Alimentares
http://www.genta.com.br

IBGE – Instituto Brasileiro de Geografia e Estatística
http://www.ibge.gov.br

Manual de Rotulagem – Anvisa
http://www.anvisa.gov.br/alimentos/rotulos/manual_consumidor.pdf (versão completa)
http://www.anvisa.gov.br/alimentos/rotulos/guia_bolso.pdf (versão de bolso)

Ministério da Saúde – Política Nacional de Alimentação e Nutrição
http://conselho.saude.gov.br/biblioteca/livros/politica_alimentacao_nutricao.pdf

Pirâmide alimentar para a população brasileira
http://www.scielo.br/pdf/rn/v12n1/v12n1a06.pdf

Sociedade Brasileira de Alimentação e Nutrição
http://www.sban.org.br

Sociedade Brasileira de Cardiologia
http://www.cardiol.br

Sociedade Brasileira de Cirurgia Bariátrica e Metabólica
http://www.sbcb.org.br

Sociedade Brasileira de Diabetes
http://www.diabetes.org.br

Sociedade Brasileira de Endocrinologia e Metabologia
http://www.endocrino.org.br

Sociedade Brasileira de Hipertensão
http://www.sbh.org.br

Sociedade Brasileira de Medicina do Exercício e do Esporte
http://www.medicinadoesporte.org.br

Taco – Tabela Brasileira de Composição de Alimentos (Unicamp)
http://www.unicamp.br/nepa/taco

TBCA – Tabela Brasileira de Composição de Alimentos (USP)
http://www.intranet.fcf.usp.br/tabela

Uso de suplementos alimentares por adolescentes
http://www.scielo.br/pdf/jped/v85n4/v85n4a04.pdf

FILMES E DOCUMENTÁRIOS

Thin

Documentário. Direção: Lauren Greenfield, 2006, 102 min.

O documentário nos leva a um centro de tratamento de mulheres com transtornos alimentares, seguindo quatro delas (entre 15 e 30 anos) que passaram fome durante boa parte da vida – muitas vezes chegando à beira da morte. O filme narra habilmente a difusão de comportamentos alimentares inadequados e o fracasso das empresas de saúde em atender às necessidades de seus clientes. O resultado é uma visão poderosa sobre um dos temas mais incômodos dos dias atuais.

Super size me – *a dieta do palhaço*

Documentário. Direção: Morgan Spurlock, 2004, 100 min.

O diretor Morgan Spurlock decide ser a cobaia de uma experiência: se alimentar apenas em restaurantes da rede McDonald's, realizando três refeições ao dia, durante um mês. Durante a experiência, o diretor fala sobre a cultura do *fast-food* nos Estados Unidos, além de mostrar em si mesmo os efeitos físicos e mentais que os alimentos desse tipo provocam.

Por amor a Nancy

Filme. Direção: Paul Schneider, 1994, 100 min.

Quando Nancy termina o Ensino Médio, está apreensiva quanto ao futuro. Ao ingressar na faculdade, isola-se de todos e fica obcecada por seu peso. Faz muito exercício físico e se alimenta pouco. Os pais ignoram as mudanças de Nancy, até que no Natal torna-se evidente que a garota tem um problema sério – ela é anoréxica. Eles tentam obter tratamento para a moça, mas ela resiste às tentativas de ajuda. Por fim, seu pai decide levar o caso a um tribunal, acreditando que, com a guarda da filha, poderia obrigá-la a um tratamento.

Preço da perfeição: a história de Ellen Hart Pena

Filme. Direção: Jan Egleson, 1996, 87 min.

Baseado em fatos reais, o filme conta a história de Ellen Hart Pena, corredora norte-americana que, em seus esforços para integrar o time de atletismo dos Estados Unidos nas Olimpíadas de Moscou, em 1980, acabou vitimada pela anorexia nervosa, que quase a levou à morte.

O óleo de Lorenzo

Filme. Direção: George Miller, 1992, 129 min.

Um garoto levava uma vida normal até que, aos 6 anos, passa a ter diversos problemas de ordem mental, causados por uma doença rara, a ALD (Adrenoleucodistrofia), que provoca uma degeneração incurável no cérebro e leva o paciente à morte em no máximo dois anos. Os pais do menino se frustram com o fracasso dos médicos e a falta de medicamento para uma doença dessa natureza. Assim, começam a estudar e a pesquisar sozinhos, quando descobrem na alimentação uma esperança para deter o avanço da doença.

A festa de Babette

Filme. Direção: Gabriel Axel, 1987, 102 min.

Em 1871, numa pequena vila dinamarquesa, Babette, uma refugiada francesa, abriga-se na casa de duas senhoras. Após ganhar na loteria, Babette oferece um banquete em comemoração ao centenário do pai das duas senhoras, já falecido, e em agradecimento à acolhida. O jantar, uma

6. Complete a cruzadinha a seguir.

a) Na Tabela de ________________ encontramos dados sobre as calorias, a quantidade de carboidratos, proteínas, gorduras etc. presentes em uma porção de alimento industrializado.

b) Tipo de alimento voltado para as pessoas que querem perder peso.

c) Por lei, as informações nutricionais e a lista de ingredientes devem estar presentes na _____ de todos os alimentos.

d) Proteína presente no trigo, na aveia, na cevada e no centeio. Alguns têm intolerância a ela.

e) Na Lista de Ingredientes, o primeiro item que aparece está presente em ________ quantidade no produto, sendo que a listagem segue a ordem decrescente.

f) Tipo de gordura presente em alguns tipos de biscoitos, sorvetes, massas folhadas e outros alimentos industrializados.

g) Tipo de alimento em que não é acrescentado açúcar, para poder ser consumido por diabéticos.

h) Órgão do Ministério da Saúde responsável pela promoção e proteção da saúde por meio da fiscalização e regularização de produtos e serviços destinados à população.

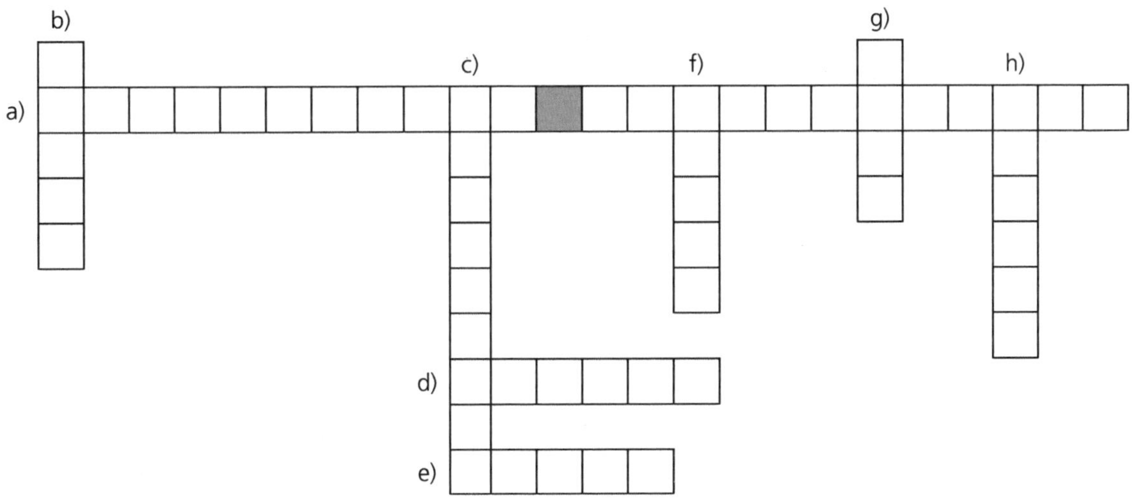

7. Como é estabelecido nosso peso total?

____

____

8. Você concorda que o IMC é um indicador de beleza estética? Justifique.

____

____

2. Como vimos no capítulo "Alimentação e saúde: comer bem para viver melhor", o Ministério da Saúde, por meio do *Guia alimentar para a população brasileira*, faz sugestões sobre os tipos e a quantidade diária ideal de alimentos a serem consumidos.

Como anda sua dieta em relação a esses parâmetros? Para analisá-la, vamos construir um diário alimentar. Durante três dias consecutivos, anote o tipo e a quantidade de tudo o que você consumir. Traga o resultado para a sala de aula e compare seu consumo diário com o recomendado pelo guia.

1º dia: ______________________________

____

____

____

____

____

____

2º dia: ______________________________

____

____

____

____

____

____

3º dia: ______________________________

____

____

____

____

____

____

3. Em grupo, traga para a sala de aula rótulos do mesmo tipo de alimento, porém de marcas diferentes. Por exemplo, cereais matinais, iogurtes, biscoitos recheados, pães de forma, sucos prontos, entre outros.

9. Calcule o IMC do lutador de boxe Mike Tyson.

Holly Stein/Getty Images

Dados:

Peso: 100 kg

Altura: 1,81 m

IMC = ________________

De acordo com a tabela de IMC, Mike Tyson está na faixa de Obesidade Grau I.

Analise essa situação. O IMC é um indicador de saúde preciso para todos os casos?

____

____

____

____

10. Como você pode aumentar seu gasto de energia com pequenas mudanças no dia a dia?

____

____

____

11. Quando ingerimos mais calorias do que gastamos, ganhamos peso. Identifique os fatores envolvidos nesse processo.

____

____

____

____

12. O que é síndrome metabólica? O que contribui para seu aparecimento?

____

____

____

____

____

____

13. Complete com A para as características da anorexia e B para as características da bulimia nervosa. Alguns itens se referem a características presentes nas duas doenças.

[ ] Perda de peso.
[ ] Medo de engordar.
[ ] Perda de cabelos.
[ ] Pacientes com peso normal.
[ ] Pacientes abaixo do peso.
[ ] Alterações do sono.
[ ] Episódios de ingestão alimentar compulsiva.
[ ] Uso de laxantes e diuréticos.
[ ] Ausência de pelo menos três ciclos menstruais consecutivos.
[ ] Sentimento de que é impossível parar de comer.
[ ] Longos períodos em jejum.
[ ] Lesão na pele da mão causada por sua introdução na boca para forçar o vômito.
[ ] Diminuição da temperatura corporal.
[ ] Inchaço nas glândulas salivares.

ATIVIDADES PRÁTICAS

1. Como vimos no capítulo "Base alimentar e evolução humana", a forma como produzimos os alimentos e nossos hábitos alimentares mudaram bastante desde a época dos primeiros hominídeos. Essas mudanças ainda continuam nos dias de hoje.

Faça uma pesquisa com seus avós (ou bisavós) para saber como eram adquiridos os alimentos quando eles eram crianças. Verifique se existem alimentos que eles consumiam antigamente, mas que hoje não conseguem encontrar com facilidade.

b) Calcule seu gasto energético diário estimado (**GEE**) (em kcal):

Calcule A, B, C, D e E	
Meninos	**Meninas**
A = 61,9 x idade (anos)	A = 30,8 x idade (anos)
B = 26,7 x peso (kg)	B = 10,0 x peso (kg)
C = 903 x altura (m)	C = 934 x altura (m)
D = B + C	D = B + C
E = D x **AF**	E = D x **AF**
Substitua A e E na fórmula	
GEE = 88,5 – A + E + 25	GEE = 135,3 – A + E + 25

Fonte: Institute of Medicine of the National Academies. *Dietary Reference Intakes for Energy, Carbohydrate, Fiber, Fat, Fatty Acids, Cholesterol, Protein, and Amino Acids.* The National Academies Press: Washington, D.C., 2002.

ATIVIDADES INTERDISCIPLINARES

1. História

Como você viu no capítulo "Peso e massa corporal", os padrões de beleza mudam com o tempo. Em grupo e com a ajuda do professor de História pesquise sobre os padrões de beleza de cada época. Procure informações em fotografias, obras de arte e descrições de tipos físicos em livros ou poemas. Organize um painel com imagens e exponha para a classe, oralmente, as razões das mudanças desse padrão.

2. Língua Portuguesa

Em grupos, façam um folheto explicativo, uma espécie de fôlder, sobre anorexia e bulimia nervosas. Pesquisem os temas em livros e na internet e criem um texto, explicando as formas de identificar essas doenças, seus principais sintomas, os prejuízos que podem trazer à saúde e o modo de preveni-las e tratá-las. Incluam imagens no fôlder. Após a finalização do trabalho, os grupos podem colocar os folhetos no pátio da escola, por exemplo, de modo que todos os alunos possam ver e se informar.

PROJETO CIÊNCIA

NUTRIÇÃO E SAÚDE

Atual Editora

Edson Grandisoli, Laura Fantazzini e Paulo Cunha

SUPLEMENTO DE ATIVIDADES

Nome: ____________________

Escola: ____________________ Ano: ________

1. Qual seria a relação entre o surgimento da bipedia e as mudanças nos hábitos de nossos ancestrais?

2. Por que podemos dizer que nosso metabolismo ainda é paleolítico? De que modo essa constituição biológica interfere na vida moderna?

3. Como o surgimento da agricultura e a domesticação de animais mudaram os hábitos alimentares de nossos ancestrais?

verdadeira obra de arte, derrete o coração e a mente dos sisudos convidados, embevecidos com o prazer que o ato de comer pode proporcionar. Baseado em um conto de Isak Dinesen (pseudônimo da escritora dinamarquesa Karen Blixen), levou o Oscar de Melhor Filme de Língua Estrangeira, em 1987.

O efeito Photoshop (em inglês)

http://www.youtube.com/watch?v=YP31r70_QNM

Descubra a verdade por trás dos retoques em fotografias. Segundo o vídeo, mais de 99% das fotografias em revistas e em propagandas são retocadas digitalmente, o que acaba criando a ilusão de uma beleza perfeita, algo que não condiz com a realidade.

Como é possível saber o que é real e o que é fabricado pela tecnologia?

BIBLIOGRAFIA

AMERICAN Dietetic Association. "Position of the American Dietetic Association: Nutrition Intervention in the Treatment of Anorexia Nervosa, Bulimia Nervosa, and Other Eating Disorders". *Journal of the American Dietetic Association*, Nova York, v. 106, n. 12, p. 2073-2082, dez. 2006.

BRASIL. Agência Nacional de Vigilância Sanitária. Universidade de Brasília. *Rotulagem nutricional obrigatória*: manual de orientação aos consumidores. Brasília: Ministério da Saúde, 2005.

BRASIL. Ministério da Saúde. Secretaria de Atenção à Saúde. Coordenação-Geral da Política de Alimentação e Nutrição. *Guia alimentar para a população brasileira*: promovendo a alimentação saudável. Brasília: Ministério da Saúde, 2006.

BRASIL. Ministério da Saúde. Secretaria de Atenção à Saúde. Departamento de Atenção Básica. *Indicadores de vigilância alimentar e nutricional*: Brasil 2006. Brasília: Ministério da Saúde, 2009.

BRASIL. Ministério da Saúde. Secretaria de Políticas de Saúde.

Coordenação-Geral da Política de Alimentação e Nutrição. *Alimentos regionais brasileiros*. Brasília: Ministério da Saúde, 2002.

CLARK, N. *Guia de nutrição desportiva*. 2ª ed. Porto Alegre: Artmed, 1998.

CORDÁS, T. A. "Transtornos alimentares: classificação e diagnóstico". *Revista de Psiquiatria Clínica*, São Paulo, v. 31, n. 4, p. 154-157, 2004.

FLANDRIN, J. L.; MONTANARI, M. *História da alimentação*. São Paulo: Estação Liberdade, 1996.

GOULD, S. J. *Darwin e os grandes enigmas da vida*. São Paulo: Martins Fontes, 1987.

HAN, T. S. et al. "Waist Circumference Action Levels in the Identification of Cardiovascular Risk Factors: Prevalence Study in a Random Sample". *BMJ*, Londres, v. 311, p. 1401-1405, nov. 1995.

INSTITUTE of Medicine of the National Academies. *Dietary Reference Intakes for Energy, Carbohydrate, Fiber, Fat, Fatty Acids, Cholesterol, Protein, and Amino Acids*. The National Academies Press: Washington, D.C., 2002.

LEWIN, R. *Evolução humana*. São Paulo: Atheneu, 1999.

MAHAN, L. K.; ESCOTT-STUMP, S. *Krause*: alimentos, nutrição e dietoterapia. 11ª ed. São Paulo: Roca, 2005.

MENDIOLA, M.; MARTIN, J., apud RODRIGUES et al. *Etnobotânica e desenvolvimento sustentável*, 2009.

MORGAN, C. M. et al. "Etiologia dos transtornos alimentares: aspectos biológicos, psicológicos e socioculturais". *Revista Brasileira de Psiquiatria*, São Paulo, v. 24, supl. III, p. 18-23, dez. 2002.

NATIONAL Institutes of Health. "Gastrointestinal Surgery for Severe Obesity: National Institutes of Health Consensus Development Conference Statement". *American Journal of Clinical Nutrition*, v. 55, p. 487S-619S, fev. 1992.

ONIS, M. de et al. "Development of a WHO Growth Reference for School-Aged Children and Adolescents". *Bulletin of the World Health Organization*, Genebra, v. 85, n. 9, p. 660-667, set. 2007.

PHILIPPI, S. T. et al. "Pirâmide alimentar adaptada: guia para escolha dos alimentos". *Revista de Nutrição*, Campinas, v. 12, n. 1, p. 65-80, jan./abr. 1999.

POSTLETHWAIT, J. H.; HOPSON, J. L. *The Nature of Life*. 3ª ed. Nova York: McGraw-Hill, 1995.

RIDLEY, M. *Evolução.* 3ª ed. Porto Alegre: Artmed, 2006.

ROSSI, L. et al. *Avaliação nutricional*: novas perspectivas. São Paulo: Roca, 2009.

SILVA, S. M. C. S; MURA, J. D. P. *Tratado de alimentação, nutrição e dietoterapia*. São Paulo: Roca, 2007.

SOBOTKA, L. *Bases da nutrição clínica*. 3ª ed. Rio de Janeiro: Rubio, 2008.

SOCIEDADE Brasileira de Cardiologia. "I Diretriz de prevenção da aterosclerose na infância e na adolescência". *Arquivos Brasileiros de Cardiologia*, Rio de Janeiro, v. 85, supl. IV, p. 4-36, dez. 2005.

SOCIEDADE Brasileira de Cardiologia. "III Diretrizes brasileiras sobre dislipidemias e diretriz de prevenção da aterosclerose". *Arquivos Brasileiros de Cardiologia*, São Paulo, v. 77, supl. 3, p. 1-48, novembro 2001.

SOCIEDADE Brasileira de Hipertensão, Sociedade Brasileira de Cardiologia, Sociedade Brasileira de Endocrinologia e Metabologia, Sociedade Brasileira de Diabetes, Associação Brasileira para Estudos da Obesidade. "I Diretriz brasileira de diagnóstico e tratamento da síndrome metabólica". *Hipertensão*, São Paulo, v. 7, n. 4, p. 123-161, 2004.

SOCIEDADE Brasileira de Medicina do Exercício e do Esporte. "Modificações dietéticas, reposição hídrica, suplementos alimentares e drogas: comprovação de ação ergogênica e potenciais riscos para a saúde". *Revista Brasileira de Medicina do Esporte*. São Paulo, v. 15, n. 3, p. 3-12, mar./abr. 2009.

WORLD Health Organization. *Obesity*: Preventing and Managing the Global Epidemic. Genebra, 2000. (WHO – Technical Report Series, 897).

OS AUTORES

EDSON GRANDISOLI concluiu o bacharelado e a licenciatura em Ciências Biológicas na Universidade de São Paulo em 1993. Durante seu mestrado em Ecologia de Ecossistemas Aquáticos e Terrestres, também na USP, começou a dar aulas para o Ensino Médio em escolas públicas, iniciando a carreira que mantém até hoje na área educacional.

Dedica-se à criação de coleções didáticas na área de Ciências e Biologia, além de colaborar ativamente no desenvolvimento de projetos educacionais nos setores governamental e não governamental.

A sala de aula faz parte de sua rotina. Na rede particular de ensino, ministra o curso de Corpo Humano & Saúde há mais de dez anos.

LAURA FANTAZZINI graduou-se em Nutrição pela Universidade de São Paulo em 2002, e especializou-se em Nutrição Clínica pelo Ganep (Grupo de Nutrição Humana) em 2003.

Atua em consultório particular e no Hospital Universitário da USP, onde, entre outras atividades, ministra aulas sobre alimentação saudável e controle de peso para adultos e crianças.

A autora também leciona em cursos de graduação e pós-graduação na área de Nutrição Clínica.

PAULO CUNHA possui graduação em Ciências Biológicas pela Universidade de São Paulo, mestrado em Genética pela mesma instituição, especializações em Biologia do Desenvolvimento pelo Centro de Investigaciones Biológicas, em Madri (Espanha) e em Jornalismo Científico pelo Labjor, da Universidade Estadual de Campinas. Além da área de pesquisa, atua em programas de formação de professores de Ciências e Biologia. Desde a década de 1990, trabalha como professor nas redes pública e particular da cidade de São Paulo, sempre focado no público adolescente. Publicou diversos livros didáticos e paradidáticos com temas relacionados à área de Ciências e, em particular, à Biologia.

Coleção Projeto Ciência

Novo projeto gráfico e nova ortografia

Vida e sustentabilidade

Nutrição e saúde

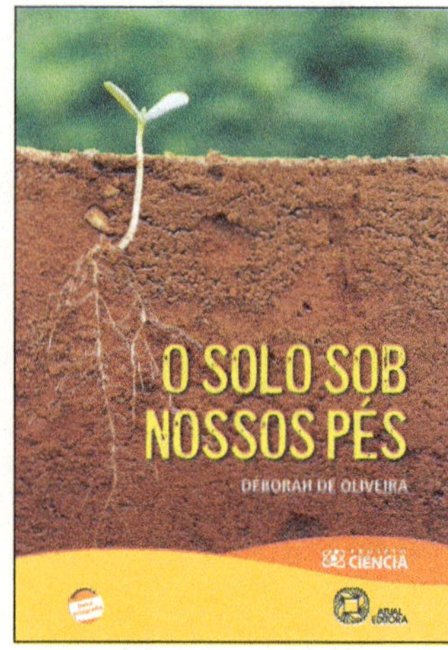

O solo sob nossos pés

Alimentos em pratos limpos

Regiões litorâneas

Os segredos do sistema solar

Os segredos do universo

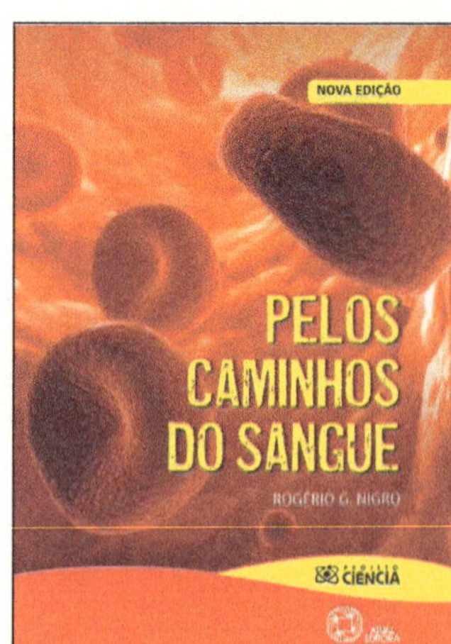

Pelos caminhos do sangue

Outros títulos da coleção Projeto Ciência

A dinâmica do corpo humano

Lições da natureza

A fascinante aventura da vida

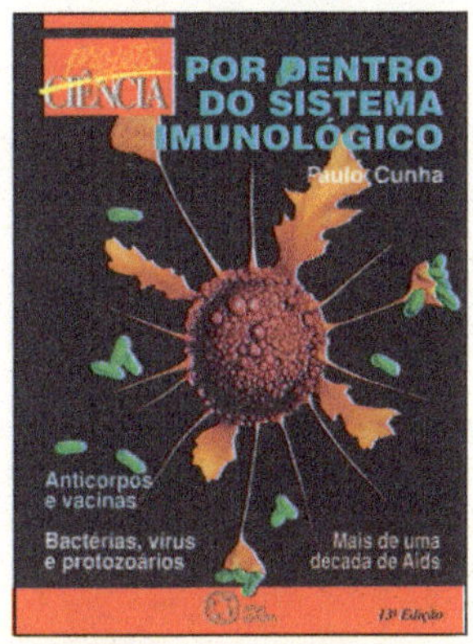

Por dentro do sistema imunológico

Água, vida e energia

Química em casa

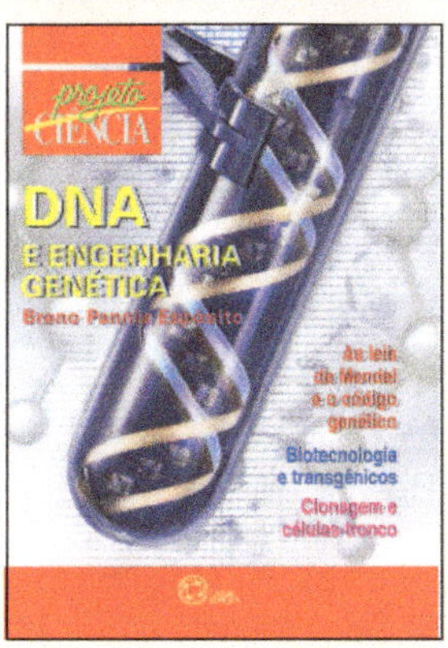

DNA e engenharia genética

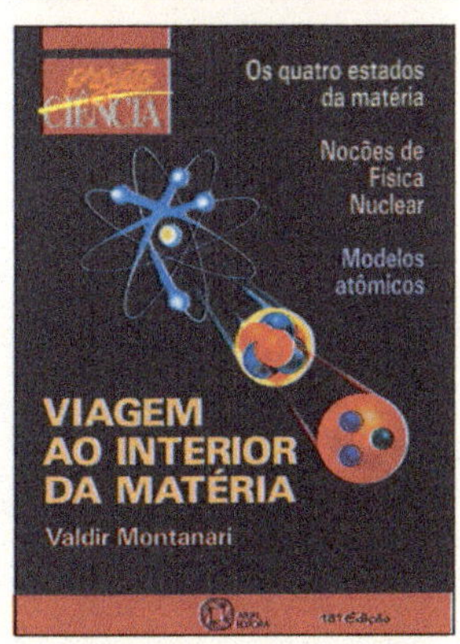

Viagem ao interior da matéria